AF834767

हज़ारों सवाल

अवधेश की ग़ज़लें

(ग़ज़ल संग्रह)

अवधेश कुमार सक्सेना
'अवधेश'

कॉपीराइट © – अवधेश कुमार सक्सेना

65, इंदिरा नगर
शिवपुरी मध्य प्रदेश- 473551

Awadhesh Kumar Saxena
65, Indira Nagar
Shivpuri MP- 473551

E-mail: awadheshsaxena29@gmail.com

© **Awadhesh Kumar Saxena 2024**

All rights reserved

All rights reserved by author. No part of this publication may be reproduced, stored in a retrieval system or transmitted in any form or by any means, electronic, mechanical, photocopying, recording or otherwise, without the prior permission of the author.

Although every precaution has been taken to verify the accuracy of information contained herein, the author and publisher assume no responsibility for any errors or omissions. No liability is assured for damages that may result from the use of information contained within.

First Published in February 2024

ISBN:

NOTION PRESS

www.notionpress.com

Cover & Interior Design : Abhijeet Saxena

मेरे परम पूज्य माता-पिता
स्वर्गीय श्रीमती प्रेमदेवी सक्सेना
स्वर्गीय श्री मुरारी लाल सक्सेना

को याद करते हुए

मेरा ये ग़ज़ल संग्रह
आप सभी पाठकों को समर्पित करता हूँ ।

इंजी. अवधेश कुमार सक्सेना
शिवपुरी, मध्य प्रदेश

अपनी बात

आदरणीय / प्रिय

'हज़ारों सवाल' ग़ज़ल संग्रह में शामिल मेरी ग़ज़लों में देश-भक्ति, प्रकृति, श्रृंगार, करुणा, दर्द, सामाजिक समरसता आदि विभिन्न विषयों को दर्शाते हुए अशआर शामिल हैं , जिन्हे पढ़कर पाठक शाइरी की ताज़ी हवा में सैर का एहसास करेंगे । टाइपिंग या अन्य किसी भी प्रकार की त्रुटि के लिए हम क्षमाप्रार्थी हैं । कृपया अवगत कराएं जिससे आगे सुधार किया जा सके।

आपका स्नेहाकांक्षी

इंजी. अवधेश कुमार सक्सेना

शिवपुरी, मध्य प्रदेश

अनुक्रमणिका

20. सही रास्तों पर चला कीजिए

21. प्यार का भंडार तू बस प्यार कर

22. हम समंदर हैं सूरज दिखा दो हमें

23. आपको देखे ज़माना हो गया

24. काम बिगड़े तो शराफ़त छोड़ दो

25. पतंग मन की चलो उड़ाए

26. जिसे हम भूलना चाहें

27. गर्म मौसम हुआ तो हवा कीजिए

28. पास के चमन में जो इक फूल महका है

29. उन्हें हमसे हमें उनसे मिला देते

30. हमारे बीच अब पर्दा नहीं है

31. हमारा दिल जिसे भूला नहीं है

32. तू गलत काम से बचा कब है

33. प्यार करते हैं बहुत इज़हार बाकी है

34. आप जैसा दूसरा देखा नहीं

35. हमने धोखे हज़ार खाए हैं

36. हमें देख वह मुस्कुराने लगे हैं

37. ग़ज़ल गीत मेरे पढ़ोगे कहां

38. अगर मौसिकी से मोहब्बत ना होती

39. हमें दर्द दे जो वो दीगर नहीं

40. चमकता हमारा मुकद्दर नहीं

41. शोख़ चंचल अदा दिखाना है

42. वो हमें आज़माती रही रात भर

43. मिला सब कुछ हमें पर कुछ कमी है
44. मीलों उड़कर थका नहीं हूं
45. हो रही मुश्किलों से बसर ज़िन्दगी
46. फ़ैसले सख़्त टाले गए
47. आजकल वो डरे-डरे क्यों हैं
48. बाग में बहती हवा में लिखा है
49. गीत ग़म के गुनगुनाने दीजिए
50. एक आवाज़ पर ठहर जाएंगे
51. गुल गुलाबी फिर खिलेंगे देखना
52. हम चांद में तेरा ही तो दीदार करेंगे
53. वतन में हमारे मुसीबत ना होती
54. कभी अपनों से ग़द्दारी ना करना
55. बात मन में दबी
56. अंधेरी स्याह रातों मे
57. अश्क धुंधला अगर बना होगा
58. ग़रीबों की भलाई का ज़रा कुछ काम हो जाए
59. जला काश अंगार चूल्हों में होता
60. हमें आज़माने उन्होंने भरा दम चलो देखते हैं
61. अमन की कायमी ख़ातिर कबूतर भी उड़ाए हैं
62. छोड़कर सब चल दिए पर यूं लगा तुम साथ हो
63. उड़ते हैं कैसे मत पूछ परिंदों से
64. इक सड़क पक्की इधर से अब निकलनी चाहिए
65. तीरगी थी कभी चांदनी हो गई
66. मैं सही बस मैं सही हूं दूसरे सब हैं ग़लत

67. हम बुलाते मगर बुला ना सके
68. ज़ुबां ये खुले गर तो इंकार निकले
69. जिन घरों में नहीं सख़्त पाबंदियां
70. याद आकर हमें जो रुलाते रहे
71. मुस्कुराती है कभी वो खिलखिलाती है
72. झुकता है आसमां इबादत से दोस्तो
73. मुझे मिलती नहीं कोई दवा है
74. इश्क़ में देखो समंदर भी नदी तक आ गए
75. जाम भर-भर जिन्हें पिलाए हैं
76. पिघलेगा कैसे दिल तेरा पत्थर है
77. कटता सफ़र मजे से अकेले अगर नहीं
78. अपने काबू में हालात करते रहे
79. फूल तेरे गेसुओं का इक निशानी है बहुत
80. दीवार हवा की है छत चांद सितारे हैं
81. पेट की आग को खिलाएं क्या
82. चलो कश्मीर में चल कर दिखाएं
83. किसी की सदा अब सुनाई ना दे
84. चोट दिल पर लगी कुछ हरी भी मिले
85. रूह को रूह से जब मिलाने लगे
86. समंदर में दिखता ज़ज़ीरा नहीं
87. सितम वो ढा रहे हम पर सही दुश्वारियां हमने
88. अनोखी चाल से उसकी उसे पहचान लेते हैं
89. जिसने कभी आंखो का समंदर नहीं देखा
90. दिल में शोले कहीं सुलगते हैं

91. मिले चैन तुमको हमें गर भुला के
92. हे वीर तुम्हें नमन हम शत-शत बार करते हैं
93. बड़ी बुरी आदतें तुम्हारी
94. टूटे रिश्तो को निभाना रह गया
95. दिल बता तो मुझे हुआ क्या है
96. मोहब्बत की निशानी को महल मुमताज़ कहते हैं
97. किसी की याद ताज़ा क्यों करें हम
98. घड़ी ये मुश्किलों से रूबरू करा रही है देख लो
99. चाल के साथ चलन हमने नया देख लिया

1

* हज़ारों सवाल *

जो हज़ारों सवाल रखते हैं ।
ज़िंदगी वो मुहाल रखते हैं ।

आबुदाना दिखा परिंदों को,
वो फँसाने को ज़ाल रखते हैं ।

मतलबी हैं पड़ी ज़रूरत तो,
आज कुछ ख़ास ख़्याल रखते हैं ।

हर गलत काम की खिलाफ़त को,
खून में हम उबाल रखते हैं ।

मंज़िलों के करीब जाना है,
वो मगर सुस्त चाल रखते हैं ।

पास थे पर मिले नहीं उनसे,
हम ये दिल में मलाल रखते हैं ।

आप 'अवधेश' की सुनो ग़ज़लें,
हम कलेजा निकाल रखते हैं ।

***

2
✱ परेशाँ आज हर इक आदमी है ✱

परेशाँ आज हर इक आदमी है ।
लपेटे हर किसी को मुफ़लिसी है ।

ठहरती जो नहीं बहती अकड़ में,
समंदर में समा जाती नदी है ।

सताते थे रुलाते थे हमें पर,
तुम्हारी ही हमें खलती कमी है ।

हमें धोखा मिला जब बेवफ़ा से,
जिगर में आग आँखों में नमी है ।

कहाँ सोए कहाँ जागे करे क्या ?
ठिकाना ढूंढती आवारगी है ।

ज़रा फिर से मेरा तू जाम भर दे,
नशीली शाम अब ढलने लगी है ।

समंदर हैं कई नदियाँ निगलते,
बड़ी ज़ालिम हमारी तिश्नगी है ।

मिला के खीर में अमृत खिलाती,
शरद पूनम की ये जो चाँदनी है ।

फँसी है जान आफ़त में सभी की,
मगर देखो उन्हें अपनी पड़ी है ।

✱✱✱

3

* सपने हमें सुहाने दिखाए *

सपने हमें सुहाने दिखाए कभी-कभी ।
अरमान जिंदगी के जगाए कभी-कभी ।

मुझको गई वो छोड़ मगर बेवफ़ा नहीं,
वादे वफ़ा किये जो निभाए कभी कभी ।

दुख दर्द की घड़ी में बुलाया अगर उन्हें,
अपने ही लग रहे हैं पराए कभी कभी ।

नज़दीक आ गए थे मग़र दूर हो गए,
उनकी मुझे तो याद सताए कभी कभी ।

वो सुर्ख़ लाल फूल महकता गुलाब का,
काला भँवर उसे भी लुभाए कभी कभी ।

दिन में नहीं मिले जो बड़ी दूरियाँ रखे,
रातें मगर वो साथ बिताए कभी कभी ।

गुड़ की घुली मिठास लिए बोलता है जो,
कड़वे निकाल बोल सुनाए कभी कभी ।

***

4

* दिलनशीं शाम जब उधर न हुई *

दिलनशीं शाम जब उधर न हुई ।
तो इधर इश्क़ की सहर न हुई ।

थी मुहब्बत इसीलिए उन से,
दुश्मनी की बहुत, मगर न हुई ।

बे असर ही रहे ख़बर ताज़ी,
बात पूरी सही, अगर न हुई ।

दिल हमारा चुरा लिया उसने,
और हमको ज़रा ख़बर न हुई ।

काम करना पड़े बहुत ज़्यादा,
जब हमारी गुज़र बसर न हुई ।

जोर पूरा लगा दिया हमने,
सीख हमको मिली ज़फ़र न हुई ।

हम सँवरते रहे उन्हीं के लिए,
पर उन्ही की कभी नज़र न हुई।

***

5

* मौसम हुआ सुहाना *

बादल घिरे गगन में, मौसम हुआ सुहाना ।
फिर से उभर रहा है, जो दर्द है पुराना ।

आँसू नहीं बचे हैं, पलकें नहीं झपकतीं,
ज़ख्मेजिगर दिखा कर,अब और मत रुलाना ।

ये फ़ासले मिटेंगे,जब आप सोच लेंगे,
महसूस हो जरूरत, नज़दीक फिर बुलाना ।

गर साथ छूट जाए, मिलना नहीं अगर हो,
जाना भले कहीं भी, हमको नहीं भुलाना ।

झूले पड़े दिखे जो, वो भी उदास दिखते,
अब याद आ रहा है, झूला उन्हें झुलाना ।

बातें लगें बुरी या, गलती दिखे हमारी,
गुस्सा भले दिखाना,पर गाल मत फुलाना ।

सुख भी ज़रा कमा लो, दुख तो बहुत कमाया,
दौलत बहुत लुटाई, खुशियाँ कभी लुटाना ।

***

6

* लगी है इश्क़ बीमारी *

लगी है इश्क़ बीमारी, बताओ क्या दवा कर लें ।
शमाँ से ये पतंगे खुद, बचें या फिर फ़ना कर लें।

चलें हम पास में उनके, करें दीदार फिर उनका,
सजा मंजूर जो वो दें, मग़र हम कुछ ख़ता कर लें ।

बड़े मग़रूर हैं गर वो, ज़रा जाकर उन्हें कह दो,
बड़े मशहूर हम भी हैं, शहर भर में पता कर लें ।

नशे की झील सी उनकी, शराबी सी लगें आँखें,
तमन्ना है कभी इनमें, उतर कर हम नशा कर लें ।

हमें अपना बना कर फिर, उन्होंने बेवफाई की,
उन्होनें क्या किया छोड़ो, मग़र हम तो वफ़ा कर लें ।

बड़ी गर्मी भरी दिल में, इसे ठंडा करें कैसे,
झलें हम हाथ का पंखा, ज़रा ठंडी हवा कर लें ।

ग़रीबों की मदद करना, ख़ुदा की ही इबादत है,
कमाया तो बहुत कुछ है, इसी से कुछ अता कर लें ।

***

7

* उजड़ा चमन हमको मिला *

उजड़ा चमन हमको मिला,उसमें खगों की चहक न थी ।
नकली लगे सब फूल थे, जिनमें ज़रा भी दमक न थी ।

सबसे छुड़ा कर वो हमें, खुद भी गए फिर छोड़के,
हमको लगी इस चोट की, उनको ज़रा भी कसक न थी ।

करते रहे जब बात वो, चलते रहे तब साथ में,
मिलते रहे छुपके मगर, इसकी किसी को भनक न थी ।

जब चाँदनी बिखरी नहीं, हम रोशनी करते रहे,
पर तीरगी मिलती रही, जब चाँद में ही चमक न थी ।

तनके चले जब वो यहाँ, तब चाल थी उनकी नई,
पतली कमर बल खा रही, जिसमें ज़रा भी लचक न थी ।

बस ख़्वाब ही हम देखते,करते नहीं कुछ काम हैं,
अब हार का ग़म क्यों करें, जब जीतने की ललक न थी ।

'अवधेश' को जब वो मिले, उनके भरे भण्डार थे,
पर सादगी भरपूर थी, धन की उन्हें तो ठसक न थी ।

***

8

* मैं भी हूँ भारत का वासी *

मैं भी हूँ भारत का वासी मैं सच्चा झूठा तौलूँगा ।
सच्चे का मैं साथी बनकर, जीवन में मधुरस घोलूँगा ।

सच्चे भारत वासी को गर, लूटेंगे लोभी व्यापारी,
तब मुँह मेरा खुल जाएगा, मैं आगे आकर बोलूँगा ।

लाचारों को अत्याचारी, जब बेरहमी से मारेंगे,
उतरेगी स्याही कागज पर, मैं काले चिट्ठे खोलूँगा ।

भारत की रक्षा करते जब, बलिदानी सैनिक होगा तब,
गर्वित हो कर मुस्काउंगा, पर मन के अंदर रो लूँगा ।

मानव हूँ गलती भी होंगीं, तन -मन पर धब्बे भी होंगे,
प्रभु चरणों की रज किरणों से,मैं मैली चादर धो लूँगा ।

***

9

* कभी तो रुख़ हवाओं का *

कभी तो रुख़ हवाओं का बदलकर फिर इधर होगा ।
दुआओं का हमारी भी कभी तो कुछ असर होगा ।

छँटेगा फ़िर अँधेरा ये खिलेगी धूप आँगन में,
बनेगा घर मकाँ अपना सुकूँ चारों पहर होगा ।

वतन के वास्ते अपना महा बलिदान जो देगा,
उसी का नाम दुनिया में हमेशा को अमर होगा ।

चलेगा यम नियम से जो रखेगा साँस पर काबू,
रहे जो दूर विषयों से वही ध्यानी अजर होगा ।

कड़ा संघर्ष जीवन में बिछे कांटें मेरे पथ पर,
मिले प्रभु का सहारा तो सुहाना ये सफ़र होगा ।

किसी को क्या पता कितना समेटे दर्द खेती का,
किसानों के तड़पने से रुआँसा हल बखर होगा ।

हवा पानी लगे माफ़िक जहां पर प्यार बँटता हो,
बसर 'अवधेश' की होगी, जहां ऐसा नगर होगा ।

***

10

* सपने हम साकार करेंगे *

सपने हम साकार करेंगे ।
बागों को गुलज़ार करेंगे ।

सालों से बेकार पड़े थे,
पैने अब औज़ार करेंगे ।

तुम नफ़रत के तीर चलाना,
हम तो फिर भी प्यार करेंगे ।

सब कुछ ही जो लूट चुके अब,
खेती का व्यापार करेंगे ।

झाँकेंगे जब वो खिड़की से,
अपलक हम दीदार करेंगे ।

जिस पर सब कुछ वार दिया था,
उससे ही तकरार करेंगे ।

रिश्वत या उपहार गलत जो,
लेने से इंकार करेंगे ।

साज़िश हों गर देश विरोधी,
खुल कर हम इज़हार करेंगे ।

कर देंगे ' अवधेश' वो' पूरा,
गर कोई इक़रार करेंगे

***

11
* बात में दम अगर नहीं होता *

बात में दम अगर नहीं होता ।
बात का कुछ असर नहीं होता ।

ज़िंदगी भर तलाश करते हम,
प्यार उनसे अगर नहीं होता ।

आपका साथ जो नहीं मिलता,
तो सुहाना सफ़र नहीं होता ।

एक उम्मीद है मिले ठंडक,
रुख़ हवा का इधर नहीं होता ।

इश्क़ होता नहीं बराबर क्यों,
जो इधर है उधर नहीं होता ।

ख़्वाब से ख़्याल से कभी भी वो,
दूर रश्क-ए-क़मर* नहीं होता ।

चोट 'अवधेश' को लगी गहरी
दर्द बिल्कुल मगर नहीं होता ।

* रश्क-ए-क़मर = अति खूबसूरत जिसे देखकर चाँद को ईर्ष्या हो ।

***

12

* याद आँसू गिराती रही रात भर *

याद आँसू गिराती रही रात भर।
जाम ग़म के पिलाती रही रात भर ।

बात उनसे हुई नींद फिर लग गई,
चैन की साँस आती रही रात भर ।

तितलियों से मिली जो कली बाग में,
गीत वो गुनगुनाती रही रात भर ।

बाद मुद्दत हमें वो मिली एक दिन,
साथ में खिलखिलाती रही रात भर ।

जागती माँ रही गोद ले लाल को
लोरियाँ गा सुलाती रही रात भर ।

जिस गली का पता ढूँढना था हमें,
वो गली ही घुमाती रही रात भर ।

ख़्वाब में देखने वो मिलन की घड़ी,
नींद हमसे चुराती रही रात भर ।

हम सफ़र जो बनी बेवफ़ा आज तो,
राज दिल के छुपाती रही रात भर ।

रूठ 'अवधेश' से खुद हुई थी अलग,
अब मिली तो मनाती रही रात भर ।

***

13

* अब नई इक मिसाल रखते हैं *

अब नई इक मिसाल रखते हैं ।
हम झुकाकर कपाल रखते हैं ।

क्या मिलेगा हमें अदावत से,
दोस्ती को बहाल रखते हैं ।

क्या कहें हम जवाब में इनके,
आप ऐसे सवाल रखते हैं ।

वार करना ज़रा सम्हल कर तुम,
हम भी तलवार ढाल रखते हैं ।

मछलियों के नसीब में फँसना,
सारे मछुआर जाल रखते हैं ।

छोड़ कर वो चले गए हमको,
हम हमेशा मलाल रखते हैं ।

जब बदी की नदी बहे हर सू,
नेक 'अवधेश' ख़्याल रखते हैं ।

***

14

* नफ़रत की लगी आग *

नफ़रत की लगी आग बुझा क्यूँ नहीं देते ।
सबके दिलों में प्यार जगा क्यूँ नहीं देते ।

गर ग़म के अंधेरों ने तुम्हें घेर लिया है,
ख़ुशियों से भरे दीप जला क्यूँ नहीं देते ।

दिल साफ अगर है तो नज़र आओ सभी को,
दामन पे लगे दाग़ मिटा क्यूँ नहीं देते ।

दुश्मन तो हमेशा ये परेशाँ ही करेगा,
मिट्टी में उसे तुम भी मिला क्यूँ नहीं देते ।

'अवधेश' तुम्हारे वो करे काम ख़ुशी से,
सर आगे कभी उसके झुका क्यूँ नहीं देते ।

***

15

✻ अगर ग़लती हुई मुझसे ✻

अगर ग़लती हुई मुझसे जो चाहो वो सजा देना ।
मगर पहले ज़रा मुझको मेरी गलती बता देना ।

किसी निर्दोष को यूँ ही सताना ठीक लगता क्या,
बिना गलती किसी को यूँ बुरी बातें सुना देना ।

मुझे मतलब नहीं तुमसे तुम्हें भी अब कहाँ मतलब,
जुदा राहें हमारी हैं अलग दुनिया बसा देना ।

ग़लतफ़हमी अगर है कुछ ज़रा सी बात तो कर लो,
हमारा पक्ष सुन कर तुम गिले शिक़वे मिटा देना ।

ग़लत कुछ कर नहीं सकते तुम्हारी शान में हम तो,
हुई गर भूल हमसे तो उसे अब तो भुला देना ।

दुखी क्यों कर रहे हमको बिगाड़ा क्या तुम्हारा है,
नहीं है ठीक ये बिल्कुल किसी को यूँ रुला देना ।

अगर 'अवधेश' के कारण भड़कती आग नफ़रत की,
छिड़क कर प्यार का पानी उसे अब तुम बुझा देना ।

✻✻✻

16

* चैन होगा जिधर हम उधर जाएँगे *

चैन होगा जिधर हम उधर जाएँगे ।
भटके बाहर बहुत अब तो घर जाएँगे ।

फ़िक्र छोड़ो भरोसा ख़ुदा पर करो,
फिर से हालात अपने सुधर जाएँगे ।

देश के वास्ते जान कुर्बान कर,
नाम अपना अमर वीर कर जाएँगे ।

ख़ूबसूरत बनो ख़ूब सीरत रहो,
आपके दर सितारे क़मर जाएँगे ।

आप गुस्सा अगर यूँ ही करते रहे,
आप ख़ुद एक दिन इससे डर जाएँगे ।

बाग में गुल खिले तो महक आएगी,
चूमने चूसने फिर भँवर जाएँगे ।

आप से दूर हो हम बिखरते रहे,
पास में आपके हम सँवर जाएंगे ।

हम चले जा रहे धुन में अपनी मगन,
एक आवाज़ दो हम ठहर जाएँगे ।

आज 'अवधेश' की राह काँटों भरी,
अड़चनें भी बहुत पर गुज़र जाएँगे ।

***

17

* हर जगह हर सू ये चर्चा आम है *

हर जगह हर सू ये चर्चा आम है ।
दो दिवानों का हुआ इक नाम है ।

सोच कर रखना कदम इस राह में,
प्यार में जो भी गिरा बदनाम है ।

ये कहीं का भी नहीं है छोड़ती,
जो मुहब्बत में पड़ा नाकाम है ।

प्यार के चक्कर बड़े बेकार हैं,
दूर रहना ये मेरा पैग़ाम है ।

झील सी आँखे किसी की मय भरी,
बस डुबाने के लिए ये जाम है ।

काम क्या मेरा अगर पूछे कोई,
काम आना दूसरों के काम है ।

याद में 'अवधेश' के वो इस तरह,
एक उसका नाम सुबहो शाम है ।

***

18

* चाँद टुकड़ा ख़ूबसूरत देखकर *

चाँद टुकड़ा ख़ूबसूरत देखकर ।
मर गई नफ़रत मुहब्बत देखकर ।

आपकी बदमाशियाँ अब काँपतीं,
हम शरीफ़ों की शराफ़त देखकर ।

शर्म से सर झुक गया है आज फिर,
आपकी घटिया शरारत देखकर ।

आदमी जिसको समझते थे भला,
आज चोंके हम हकीक़त देखकर।

कुछ समझ आता नहीं हम क्या करें,
आज की गंदी सियासत देखकर ।

मुफ़्त में मिलती शिफ़ा तो ख़ुद ख़ुदा,
खुश हुआ ऐसी इबादत देखकर ।

दोस्ती होती नहीं 'अवधेश' अब,
उस पड़ोसी की अदावत देखकर ।

***

19

* हमें मालूम गर होता *

हमें मालूम गर होता मिलेंगे वो बिछड़ने को ।
कभी दिल से नहीं कहते किसी पर यूँ मचलने को ।

चले आओ यहाँ सजना अकेले हम अकेले तुम,
वज़ह भी तो ज़रूरी है हमें सजने सँवरने को ।

बरसते थे झमाझम झम कभी तपती ज़मीं पर जो,
वही बादल तरसते हैं वहीं फिर से बरसने को ।

नई मंज़िल मिलेगी ही अगर तैयार तुम होगे,
पुराने छोड़ कर सारे नए रस्ते बदलने को ।

वही वादी वही जज है, शहर भी ये उसी का है,
हमें तैयार रहना है सज़ा झूठी भुगतने को ।

अगर तुम चाहते ऊँची उड़ानें भर सको तो फिर,
बचाओ पँख उन्हीं से जो तके बैठे कतरने को ।

फ़लक पर छा रहा है जो उसे 'अवधेश' ने जाना,
सितारे नूर से उसके नहाते हैं चमकने को ।

***

20

* सही रास्तों पर चला कीजिए *

सही रास्तों पर चला कीजिए ।
मुहब्बत सभी से किया कीजिए ।

वतन के लिए जब ज़रूरत पड़े,
ज़रा फ़र्ज़ अपना अदा कीजिए ।

ख़ुदा की इनायत बरसने लगे,
हमारे लिए भी दुआ कीजिए ।

तरक्की बड़ी आपको भी मिले,
किसी से कभी मत जला कीजिए ।

कभी रास्ते में मिलें हम कहीं,
ज़रा मुस्कुरा के मिला कीजिए

चमक हैसियत की बढ़ानी अगर,
खिली धूप में भी तपा कीजिए ।

लगे चोट 'अवधेश' को तो लगे,
छुपा दर्द दिल का हँसा कीजिए ।

***

21

* प्यार का भंडार तू *

प्यार का भंडार तू बस प्यार कर,
है नफ़ा इसमें यही व्यापार कर ।

उस हसीं को जीतने जब हम गए,
आ गए हम दिल वहीं पर हार कर ।

रात भर आती नहीं है नींद अब,
चैन खोया उनसे आँखे चार कर ।

ख़्याल में क्या पक रहा है ये बता,
प्यार उनसे है अगर इज़हार कर ।

गिर गया गर इश्क़ की गहराई में,
तैर कर अब इस नदी को पार कर ।

चाहता क्या ये बता हिम्मत दिखा,
कुछ नहीं मिलता कभी मन मारकर ।

जान भी मांगे कभी महबूब तो,
जान भी हाज़िर रहे इक़रार कर ।

लाख तारे हों लुभाने सामने,
चाँद की ख़ातिर उन्हें इंकार कर ।

साथ चलने के लिए 'अवधेश' तू,
हमसफ़र बनने उसे तैयार कर ।

***

22

* हम समंदर हैं *

हम समंदर हैं सूरज दिखा दो हमें ।
प्यास कितनी लगी ये बता दो हमें ।

हार पर हार ही सामने आ रही,
जीत आगे मिले हौसला दो हमें ।

अब कहाँ जाएँगे छोड़ घर ये गली,
उम्र के मोड़ पर आसरा दो हमें ।

जाम ऐसा बने जो नशा ख़ूब दे,
शोख़ नज़रों से अपनी पिला दो हमें ।

ख़्वाब झूठे दिखा लूटना प्यार से,
ये सियासत ज़रा सी सिखा दो हमें ।

रब कहाँ है किसी को पता हो अगर,
आस उसकी लगी है मिला दो हमें ।

बात 'अवधेश' ने जो कही मान लो,
ये ग़ज़ल सुर लगा कर सुना दो हमें ।

***

23

* आपको देखे जमाना हो गया *

आपको देखे जमाना हो गया ।
ख़्वाब में मिलना मिलाना हो गया ।

जब उन्हें छूकर हवा आई इधर,
तब यहाँ मौसम सुहाना हो गया ।

लफ़्ज़ मीठे कुछ सुने जब भी कहीं,
बस वहीं अपना ठिकाना हो गया ।

हम यहीं बैठे अकेले रह गए,
काफ़िला आगे रवाना हो गया ।

बन गए वो भी शिकारी आजकल,
तेज उनका भी निशाना हो गया ।

आ नहीं सकते या आना ही नहीं,
ये वबा अच्छा बहाना हो गया ।

रब नज़र आने लगे 'अवधेश' को,
दिल मेरा रब का दिवाना हो गया ।

***

24

* काम बिगड़े तो शराफ़त छोड़ दो *

काम बिगड़े तो शराफ़त छोड़ दो ।
जान पर आए सदाक़त छोड़ दो ।

क्या मजा आता किसी को तंग कर,
हर घड़ी करना शरारत छोड़ दो ।

क्या बिगाड़ोगे किसी का तुम कभी,
प्यार कर लो अब अदावत छोड़ दो ।

झूठ धोखा बेईमानी से भरी,
है बड़ी गंदी सियासत छोड़ दो ।

है हुकूमत हाथ में जिसके अभी,
साथ दो उसका ख़िलाफ़त छोड़ दो ।

देख लो माँ बाप को घर द्वार में,
दूर की करना ज़ियारत छोड़ दो ।

कौन मानेगा यहाँ 'अवधेश' अब,
मुफ़्त में देना नसीहत छोड़ दो ।

***

25

* पतंग मन की चलो उड़ाएं *

पतंग मन की चलो उड़ाएं ।
हवा से बातें इसे कराएं ।

ये बेटियाँ अब रहें सुरक्षित,
इन्हें दरिंदों से हम बचाएं ।

उन्हें जो करना है वो करेंगे,
वफ़ा की रस्में हमीं निभाएं ।

वो दूर दिल से कभी न होंगे,
यकीन पूरा उन्हें दिलाएं ।

वो प्यार का बीज दिल ज़मीं पर,
फ़सल यहाँ प्यार की उगाएं ।

हमें मिली सीख ये बड़ों से,
कभी किसी को नहीं सताएं ।

शमाएँ 'अवधेश' की ये ग़ज़लें,
सही-सही रास्ते दिखाएं ।

***

26

* जिसे हम भूलना चाहें *

जिसे हम भूलना चाहें उसी की याद आती है ।
हँसाती थी कभी हमको वही ग़म दे रुलाती है ।

किये वादे वफ़ा के थे मगर तोड़े सभी उसने,
दिखे जब साथ गैरों के हमारा दिल जलाती है ।

यहाँ जब साँस लेते हैं अजब अहसास होता है,
हवा उसके शहर की अब महक उसकी बहाती है ।

वज़ह या बेवज़ह ही जब कभी आती नज़र हमको,
मिलन के फिर सुहाने वो हमें सपने दिखाती है ।

निकलती बच बचाकर वो कि जैसे अजनबी कोई,
हमारे बीच जो भी था उसे सबसे छुपाती है ।

बड़ी ज़ालिम बड़ी क़ातिल बड़ी वो बेवफ़ा निकली,
हमारी जान लेकर भी नहीं क्यों चैन पाती है ।

चलो 'अवधेश' जाने दो हुआ जो भी हुआ अच्छा,
सबेरे की नई लाली नई आशा जगाती है ।

***

27

* गर्म मौसम हुआ तो हवा कीजिए *

गर्म मौसम हुआ तो हवा कीजिए ।
फ़र्ज़ बनता अगर तो अदा कीजिए ।

चोट दिल पर लगे प्यार करते रहो,
दर्द हो भी अगर तो सहा कीजिए ।

माँगने गर कोई दर पे आए कभी,
पास में कुछ अगर तो अता कीजिए ।

झूठ पर झूठ ही बोल थकते नहीं,
बात सच्ची कभी तो कहा कीजिए ।

जोड़ लोगे बदी तो मिलेगी बदी,
नेकियाँ भी कभी तो जमा कीजिए ।

बेवफ़ा ही यहाँ सब मिलेंगे तुम्हें,
पर रहो बावफ़ा बस वफ़ा कीजिए ।

नाम 'अवधेश' का काम करके हुआ,
उनके नक़्शे क़दम पर चला कीजिए ।

***

28

* पास के चमन में *

पास के चमन में जो एक फूल महका है ।
वो मिले कभी हमको बस यही तो सपना है ।

काँच की तरह तोड़ें या रखें इसे दिल में,
ज़िंदगी उन्हीं की है दिल उन्हीं को देना है ।

दीद के लिए उनके जब तड़प उठे मन तो,
मोड़ पर गली के बस टकटकी लगाना है ।

हाल हो बुरा कितना या रुकावटें आएं,
मुस्कुराहटें बिखरें बस यही इरादा है ।

मिल गया कभी मौका महफ़िलें सजाने का,
गीत जो लिखे दिल से मीत को सुनाना है ।

बह चली हवा ठंडी जब नज़र उठी उनकी,
देख फिर यहाँ मौसम हो गया सुहाना है ।

माँगते ख़ुदा से हम जो दुआ इबादत में,
वो जरूर पूरी हो ये हमें भरोसा है ।

***

29

* उन्हें हमसे हमें उनसे मिला देते *

उन्हें हमसे हमें उनसे मिला देते तो अच्छा था।
हमारे बीच का पर्दा हटा देते तो अच्छा था।

हमारे हो मगर फिर भी बिछाते राह में रोड़े,
मिलें हमको सफलताएं दुआ देते तो अच्छा था।

ज़रा सा मुस्कुरा देते कभी हँसते कभी गाते,
मिले ग़म ज़िंदगी में जो भुला देते तो अच्छा था।

अकेले पी रहे हो जो बड़ा शायद सुकूँ देती,
ज़हर का जाम हमको भी पिला देते तो अच्छा था।

हमें अपना बनाकर ही हमारी जान लेते हो,
मिलेगा क्या तुम्हें इससे बता देते तो अच्छा था।

लगा कर इश्क़ की बाजी कभी जीते नहीं हमसे,
कभी इस खेल में हमको हरा देते तो अच्छा था।

भरा जो प्यार रंगों में लगाते गाल पर उसके,
अदावत से भरी होली जला देते तो अच्छा था।

हमेशा सोचते रहते करूँ मैं ये करूँ मैं वो,
कभी आगे कदम अपने बढ़ा देते तो अच्छा था।

कभी 'अवधेश' की ग़ज़लें सुनाकर तुम तरन्नुम में,
गिरा जो इश्क़ में उसको उठा देते तो अच्छा था।

***

30

* हमारे बीच अब पर्दा नहीं है *

हमारे बीच अब पर्दा नहीं है ।
तुम्हारा दिल मगर दिखता नहीं है ।

करे मदहोश महफ़िल में हमें जो,
वो पैमाना अभी छलका नहीं है ।

मुहब्बत हो गई है ज़िंदगी से,
किसी से अब गिला-शिकवा नहीं है ।

बहुत ही दूर मंज़िल है हमारी,
जहाँ का रास्ता सीधा नहीं है ।

खुले में क़त्ल वो करता यहाँ पर,
पता सबको मगर चर्चा नहीं है ।

भरा अंदर ख़िलाफ़त का जो ज्वाला,
धधकता खूब है बहता नहीं है ।

दिखाओ लाल आँखें या कटारी,
मगर 'अवधेश' तो डरता नहीं है ।

***

31

* हमारा दिल जिसे भूला नहीं है *

हमारा दिल जिसे भूला नहीं है ।
उसी का ख़्याल भी जाता नहीं है ।

रखे दिल में छुपा कर प्यार कितना,
ज़ुबाँ पर वो कभी लाता नहीं है ।

ज़रा बच कर चलो संकरी गली में,
यहाँ माहौल कुछ अच्छा नहीं है ।

अगर टूटे कभी कोई खिलौना,
कभी तुमको मगर रोना नहीं है ।

पिए थे जाम आँखों से किसी की ,
नशा वो आज तक उतरा नहीं है ।

तमन्ना है अगर दिल में तेरे कुछ,
उसे तू क्यों कभी कहता नहीं है ।

दिलों को जीतना 'अवधेश' का फ़न,
कमाना और कुछ आता नहीं है ।

***

32

* तू गलत काम से बचा कब है *

तू गलत काम से बचा कब है ।
सोच ईमान पे चला कब है ।

रूह को देखने घड़ी भर को,
चैन तूने ज़रा लिया कब है ।

तू न जाने निभा रहा है क्यूँ,
इस वफ़ा का सिला मिला कब है ।

चाँद तारे कभी छुए होते,
मन परिंदा मगर उड़ा कब है ।

है बुरा ये कभी-कभी अच्छा,
वक़्त तो एक सा रहा कब है ।

जीत मिलती तुझे यहाँ हरदम,
मन पे काबू मगर रखा कब है ।

सीख 'अवधेश' से सही मिलती,
पास में उनके तू गया कब है ।

***

33

* प्यार करते हैं बहुत *

प्यार करते हैं बहुत इज़हार बाकी है ।
शर्त सारी पढ़ चुके इक़रार बाकी है ।

लक्ज़री हमने जुटाई खुश उन्हें रखने,
जो पसंद वो ही लिया बस कार बाकी है ।

देखकर जलवा उन्हीं का सब हुए चंगे,
एक बस उनका यहाँ बीमार बाकी है ।

तप रही धरती को ठंडा आज ही करने,
बादलों से बस ज़रा बौछार बाकी है ।

मिट गए हैं फ़ासले अब है नहीं दूरी,
नफ़रतों की बीच में दीवार बाकी है ।

आ गए दर पर उन्हीं के अर्ज़ भी कर दी,
हट गया पर्दा मगर दीदार बाकी है ।

ज़िंदगी का लुत्फ़ लेने के लिए उनसे,
प्यार तो अब हो चुका तकरार बाकी है ।

ज़िंदगी की हर जरूरत हो जहाँ पूरी,
धन्य भारत भूमि का आभार बाकी है ।

कर रहे 'अवधेश' जो ये शायरी उसमें,
नफ़रतों के दौर में भी प्यार बाकी है ।

***

34

* आप जैसा दूसरा देखा नहीं *

आप जैसा दूसरा देखा नहीं ।
आज तक ऐसा नशा छाया नहीं ।

मुश्किलें हों सामने आकर खड़ीं ।
ग़म भरे गाने हमें गाना नहीं ।

शाम कैसे हम करें रंगीन अब,
इस शहर में यार मैख़ाना नहीं ।

दिल में जो है दिल के अंदर क्यों रहे,
प्यार क्यों बाहर कभी आता नहीं ।

सच की ताकत और दौलत है बड़ी,
झूठ बिन लाठी के चल पाता नहीं ।

आइने में देख ख़ुद से पूछना,
क्यों कभी इसकी तरह बोला नहीं ।

हो इनायत रब की जो 'अवधेश' पर,
हो कभी फिर बाल भी बाँका नहीं ।

***

35

* हमने धोखे हज़ार खाये *

हमने धोखे हज़ार खाये हैं ।
तब कहीं सच को जान पाये हैं ।

शाम होने लगी चलो वापिस,
तुम से लंबे तुम्हारे साये हैं ।

क्या करें कुछ समझ नहीं आता,
आज मिलने हमें वो आये हैं ।

रोशनी की नदी बहाने को,
दीप हमने यहाँ जलाये हैं ।

जो मिले आपसे उन्हीं ग़म का,
पीठ पर बोझ हम उठाये हैं ।

दोस्ती के लिए हमेशा ही,
हाथ हमने यहाँ बढ़ाये हैं ।

बन के आका हमें सताने को,
हुक़्म हम पर बहुत चलाये हैं ।

रोजियाँ रोटियाँ सदा बाँटी,
पुण्य हमने यही कमाये हैं ।

इल्म अवधेश ने भरा जिनमें,
सब ख़ज़ाने यहीं लुटाये हैं ।

***

36

* हमें देख वो मुस्कुराने लगे हैं *

हमें देख वो मुस्कुराने लगे हैं ।
जमीं बर्फ़ शायद हटाने लगे हैं ।

सताते बहुत थे कभी हम उन्हें पर,
वो कड़वी सी यादें भुलाने लगे हैं ।

हमें जो कभी कुछ समझते नहीं थे,
हमारी ग़ज़ल गुनगुनाने लगे हैं ।

सभी हसरतें रह गईं फिर अधूरी,
वो आए मिले और जाने लगे हैं ।

कभी पास आकर जो पुचकारते थे,
वही दूर जाकर सताने लगे हैं ।

ये मासूम बच्चे जो गोदी में आए,
हमें खिलखिलाकर हँसाने लगे हैं ।

जिन्हें खुश रखा था सभी कुछ गँवा कर,
वो बच्चे ही हमको रुलाने लगे हैं ।

उन्हें क्या पता हम कहाँ तक गए थे,
हमें चाँद छूने जमाने लगे हैं ।

यहाँ रूठकर जो बिना बात बैठे,
ये 'अवधेश' उनको मनाने लगे हैं ।

***

37

* ग़ज़ल गीत मेरे पढ़ोगे कहाँ *

ग़ज़ल गीत मेरे पढ़ोगे कहाँ ।
बिना ख़ुद छपाये ये छपते कहाँ ।

कभी टाँग खींचें कभी जान दें,
हमें दोस्त ऐसे मिलेंगे कहाँ ।

पता ही नहीं जब सही रास्ता,
चले जा रहे हो भटकते कहाँ ।

कभी चाय पीते रहे साथ में,
मगर वो हमें अब बुलाते कहाँ ।

फ़सल सूखती पर बरसते नहीं,
ये बादल ज़रूरत पे आते कहाँ ।

अभी तो ये सूरज भी निकला नहीं,
चले तुम सवेर- सवेरे कहाँ ।

जो 'अवधेश' कहते सुनो ध्यान से,
दिलों से निकल कर रहोगे कहाँ ।

***

38

* अगर मौसिक़ी से मुहब्बत न होती *

अगर मौसिक़ी से मुहब्बत न होती ।
ग़ज़ल गुनगुनाने की चाहत न होती ।

सुरों को मिलाते सुबह शाम कैसे,
खुदा की जो हम पर इनायत न होती ।

जो बन हमसफ़र तुम अगर साथ चलते,
हमें ज़िंदगी से शिकायत न होती ।

ये इंसाफ़ हमको न मिलता कहीं पर,
जो ऊँची ख़ुदा की अदालत न होती ।

अगर हम भी रहते ज़रा से अकड़ के,
किसी की झगड़ने की हिम्मत न होती ।

बिछड़ कर न जाते अगर दूर वो तो,
नशे की हमारी ये आदत न होती ।

जो 'अवधेश' को तुम समझते सही से,
तुम्हारे भी दिल में ये नफ़रत न होती ।

***

39

* हमें दर्द दे जो वो दीगर नहीं *

हमें दर्द दे जो वो दीगर नहीं ।
वजह दुख की अंदर है बाहर नहीं ।

उसे ढूंढ़ने में खपी ज़िंदगी,
मिला वो हमें पर कहीं पर नहीं ।

ख़ुदा के अलावा मिले दूसरा,
झुकेगा कभी भी मेरा सर नहीं ।

बड़ी चाह देखें उसे रोज हम,
मगर पास उसके मिला घर नहीं ।

डराने की कोशिश सभी कर रहे,
हमें पर किसी से ज़रा डर नहीं ।

नदी चाहती क्या सभी को पता,
मगर जानता ये समंदर नहीं ।

ग़ज़ल खूब 'अवधेश' कहने लगे,
हुआ शेर कोई भी कमतर नहीं

***

40

* चमकता हमारा मुकद्दर नहीं *

चमकता हमारा मुकद्दर नहीं ।
हमें साथ उनका मयस्सर नहीं ।

ख़ुशी एक कतरा कभी तो मिले,
ख़ुदा फाड़ कर दे वो छप्पर नहीं ।

उसी एक को सौंप दी ज़िंदगी,
लगाए कहीं और चक्कर नहीं ।

दिलों में जगह हम बनाते रहे,
चुभाए किसी दिल पे नश्तर नहीं ।

खड़े हों कभी साथ कैसे कहो,
हमी हैसियत में बराबर नहीं ।

हमेशा मिले जीत उसको यहाँ,
अगर हारता तो सिकन्दर नहीं ।

जो 'अवधेश' का सर झुका दे कभी,
मिला आज तक वो सितमगर नहीं ।

***

41

* शोख़ चंचल अदा दिखाना है *

शोख़ चंचल अदा दिखाना है ।
बिजलियाँ जो उन्हें गिराना है ।

सज सँवर कर उन्हें रिझाने को,
आज उनके करीब जाना है ।

मिल गए वो कभी अकेले में,
ज़ुल्म उनके उन्हें गिनाना है ।

बात उनकी ग़लत मगर सहकर,
उनसे रिश्ते हमें निभाना है ।

काट मत शाख़ पेड़ की इसमें,
कुछ परिंदों का आशियाना है ।

आज मज़दूर फिर हुआ बेबस
हो गया बंद कारख़ाना है ।

छोड़ आए जिसे कभी हम थे,
फिर उसी दर को खटखटाना है ।

आज अँधियार को मिटाने को,
जुगनुओं को ही टिमटिमाना है ।

आज 'अवधेश' की लिखी ग़ज़लें,
आपको भी तो गुनगुनाना है ।

***

42

* वो हमें आजमाती रही *

वो हमें आजमाती रही रात भर ।
पास अपने बुलाती रही रात भर ।

ज़िस्म की आग पर सेंक कर रोटियाँ,
भूख मुझको खिलाती रही रात भर ।

वो कुरेदा किये ज़ख्म दिल के हरे,
फिर वही नस दुखाती रही रात भर ।

वो बनी जब से माँ जागती ही रहे,
चाँद सूरज सुलाती रही रात भर ।

वो बिखेरा किये रूप की रोशनी,
चाँदनी भी नहाती रही रात भर ।

सोचते-सोचते थक गए नींद फिर,
ख़्वाब झूठे दिखाती रही रात भर ।

जिसपे 'अवधेश' करते रहे शाइरी,
वो ही ग़ज़लें सुनाती रही रात भर ।

***

43

* मिला सब कुछ हमें *

मिला सब कुछ हमें पर कुछ कमी है ।
वही हमको बहुत अब खल रही है ।

जमाना रो रहा दुख दर्द पाकर,
हमारी आँख में भी तो नमी है ।

हुआ मौसम सुहाना तुम मिले फिर,
खिली फिर आज जूही की कली है ।

मुसीबत में बनाते दूरियाँ सब,
किसी की बात ये बिल्कुल सही है ।

सभी को काम हम हर हाल देते,
मगर कितनी हमारी बेबसी है ।

हमेशा भूख को मारे सताए,
बड़ी ज़ालिम हमारी मुफ़लिसी है ।

कहो 'अवधेश' तुम भी बात मन की,
बड़ी मुश्किल हुई अब ज़िंदगी है ।

***

44

* मीलों उड़ कर थका नहीं हूं *

मीलों उड़ कर थका नहीं हूं ।
मन ही हूँ मैं हवा नहीं हूँ ।

बादल जैसे उड़ूँ गगन में,
रोके से मैं रुका नहीं हूँ ।

मंज़र कितना डरावना है,
पर मैं बिल्कुल डरा नहीं हूँ।

आँखें मुझसे नहीं मिलाना,
सूरज हूँ मैं दिया नहीं हूँ ।

चढ़ता हूँ रंग इश्क़ जैसे,
उतरूँ मैं वो नशा नहीं हूँ ।

रंजिश दिल से सभी मिटा दीं,
दुश्मन से भी ख़फ़ा नहीं हूँ ।

सबसे 'अवधेश' ने कहा है,
शाइर हूँ पर बुरा नहीं हूँ ।

***

45

* हो रही मुश्किलों से बसर ज़िंदगी *

हो रही मुश्किलों से बसर ज़िंदगी ।
मुफ़लिसी में गई है गुज़र ज़िंदगी ।

झड़ गईं पत्तियाँ तो परिंदे उड़े,
हो गई आज सूखा शज़र ज़िंदगी ।

वो मिली जब हमें हम उसी के हुए,
क्या पता ले चली अब किधर ज़िंदगी ।

साँस चलने लगी जब हमारी सही,
आ रही ख़ूबसूरत नज़र ज़िंदगी ।

रास्तों पर बिछी आग तो क्या हुआ,
कर रही साथ मेरे सफ़र ज़िंदगी ।

बैठ मत हार कर तू कभी जंग में,
फिर दिखा तू हमें जीत कर ज़िंदगी ।

कौन 'अवधेश' के सामने टिक सके,
साथ देती रहे यूँ अगर जिंदगी ।

***

46

* फ़ैसले सख़्त टाले गए *

फ़ैसले सख़्त टाले गए ।
बात से हल निकाले गए ।

ख़्वाब है वो हक़ीकत नहीं,
पर वहम खूब पाले गए ।

प्यार के जाल में फाँस कर,
हम से मतलब निकाले गए ।

सोच उनसे मिली तो लगा,
एक साँचे में ढाले गए ।

ज़ुल्म की इन्तहा हो गई,
दूर मुँह से निवाले गए ।

सामने अब अँधेरा हुआ,
छोड़ आँखे उजाले गए ।

ख़ास 'अवधेश' के थे यहाँ,
रिश्ते वो तोड़ डाले गए ।

***

47

* आजकल वो डरे-डरे क्यूँ हैं *

आजकल वो डरे-डरे क्यूँ हैं ।
जंग को छोड़ भागते क्यूँ हैं ।

काम या भीख भी नहीं मिलती,
मुफ़लिसी की गली पले क्यूँ हैं ।

दूर पल भर नहीं रहे थे कभी,
बीच में आज फ़ासले क्यूँ हैं ।

आँधियाँ तो बदल चुकीं रस्ता,
रात काली दिए बुझे क्यूँ हैं ।

दिल पिघलता नहीं कभी उसका,
ज़ुल्म तुमने मगर सहे क्यूँ हैं ।

हाकिमों ने मुसीबतें लादीं,
हम मगर बोझ से दबे क्यूँ हैं ।

बात 'अवधेश' की नहीं सुनते,
वो न जाने पढ़े लिखे क्यूँ हैं ।

***

48

* बाग में बहती हवाओं में लिखा है *

बाग में बहती हवाओं में लिखा है ।
नाम उसका ही बहारों में लिखा है ।

एक दूजे के लिए वो मर मिटे थे,
प्यार का किस्सा किताबों में लिखा है ।

साथ रहते जो रहे थे अब उन्होंने,
नाम दूजे का रक़ीबों में लिखा है ।

एक गुस्ताख़ी हमारी जो हुई थी,
चाहना उनको गुनाहों में लिखा है ।

साल पहले जो कमाते ख़ूब पैसा,
नाम अब उनका ग़रीबों में लिखा है ।

शर्त तो सारी निभानी ही पड़ेंगी,
तुम पढ़ो क्या इन क़रारों में लिखा है ।

अब सुनो 'अवधेश' से मक़ता ग़ज़ब का,
खून से दिल के जो ग़ज़लों में लिखा है ।

***

49

* गीत ग़म के गुनगुनाने दीजिए *

गीत ग़म के गुनगुनाने दीजिए ।
दर्द सारे आज़माने दीजिए ।

रोक लेंगे दूर जाने से उन्हें,
प्यार से हमको मनाने दीजिए ।

बाद मुद्दत के दिखा चेहरा खिला,
खुल के उनको मुस्कुराने दीजिए ।

ये व्यवस्था मुश्किलों से बन सकी,
अब इसे मत चरमराने दीजिए ।

भूख मिटती ही नहीं इनकी कभी,
एक टुकड़ा और खाने दीजिए ।

माफ़ करना गलतियाँ मेरी सभी,
हो गई जो बात जाने दीजिए ।

खोल देंगे राज सारे आपके,
शर्म का पर्दा हटाने दीजिए ।

पाप ही बस पाप ये करते रहे,
पुण्य इनको भी कमाने दीजिए ।

देखना 'अवधेश' की ताक़त यहाँ,
बस जरा अपनी पे आने दीजिए ।

***

50

* एक आवाज़ पर *

एक आवाज़ पर हम ठहर जाएंगे ।
रूठ कर आपसे हम किधर जाएंगे ।

हम रहेंगे सदा साथ छाया बने,
ले चलोगे जिधर हम उधर जाएंगे ।

इस शहर में हमें ठोकरें ही मिलीं,
लौट कर गाँव में अपने घर जाएंगे ।

सुध बदन की नहीं ख़्याल रहता कहीं,
आप कह दो ज़रा हम सँवर जाएंगे ।

सब नज़र आ गईं ग़लतियाँ सामने ,
पूछने पर मगर वो मुकर जाएंगे ।

मानते वो नहीं बात तो छोड़ दो,
जब मिलेगा सबक तो सुधर जाएंगे ।

कष्ट 'अवधेश' हर जब करेंगे सहन,
आग में स्वर्ण से फिर निखर जाएंगे

***

51

* गुल गुलाबी फिर खिलेंगे *

गुल गुलाबी फिर खिलेंगे देखना ।
बागबाँ फिर से हँसेंगे देखना ।

बंद हैं सब रास्ते ही आजकल,
हम सड़क पर फिर चलेंगे देखना ।

छुप गए डर कर अभी जाने कहाँ,
वो परिंदे फिर उड़ेंगे देखना ।

जो बढ़े ही जा रहे हैं आँकड़े,
शून्य आने तक घटेंगे देखना ।

रुक गए हम आज लिखकर शेर कुछ,
कल ग़ज़ल पूरी लिखेंगे देखना ।

दूर रहकर सब्र रखना आजकल,
हम गले फिर से मिलेंगे देखना ।

आपकी ख़ातिर सदा 'अवधेश' ही,
हर सितम हँस कर सहेंगे देखना ।

***

52

* हम चाँद में तेरा *

हम चाँद में तेरा ही तो दीदार करेंगे ।
महफ़िल में सितारों की तुझे प्यार करेंगे ।

चलना है हमें साथ उन्हीं के इस सफ़र में,
कदमों की जरा तेज हम रफ़्तार करेंगे ।

मिलने के लिए उनसे तलब ख़ूब लगी है ।
जो आग बहाती वो नदी पार करेंगे ।

किस बात पे रूठे हो ज़रा खुल के बताना,
ग़लती जो हमारी है वो स्वीकार करेंगे ।

दिल में ही किया होंठ पे आने न दिया पर,
हम आज उसी प्यार का इज़हार करेंगे ।

बरसात के मौसम में जो बूंदों में समाया,
सावन में उसी प्यार की बौछार करेंगे ।

जिसने भी हमें खींच के अंदर है बिठाया,
उस दिल की ज़मीं पर भी तो अधिकार करेंगे ।

मुश्किल है तो क्या ग़म है नहीं दूर है मंज़िल,
आसान मेरी राह मेरे यार करेंगे ।

चालाक चतुर लोग चलेंगे जो हराने,
'अवधेश' हरिक चाल को बेकार करेंगे ।

***

53

* वतन में हमारे मुसीबत न होती *

वतन में हमारे मुसीबत न होती ।
अगर जौंक वाली सियासत न होती ।

न कौमें न मज़हब झगड़ते यहाँ पर,
अगर हमवतन में अदावत न होती ।

निभाते अगर फ़र्ज़ अपना सही से,
हमे फिर किसी से भी नफ़रत न होती ।

दिखाते हमें भी वो सपने सुहाने,
रगों में अगर कुछ ज़हानत न होती ।

अगर बाँटते वो खुशी हर किसी को,
ख़िलाफ़त में उनकी बग़ावत न होती ।

वो मजलूम को गर हिफाज़त में रखते,
कभी उनकी ऐसी अज़ीयत न होती ।

ये ' अवधेश' कैसे कलम को चलाते,
अगर इस वतन से मुहब्बत न होती ।

***

54

✱ कभी अपनो से ग़द्दारी न करना ✱

कभी अपनो से ग़द्दारी न करना ।
किसी ग़द्दार से यारी न करना

हमेशा साथ देना सज्जनों का,
किसी खल की तरफ़दारी न करना ।

वही लिखना सबक जिससे मिले कुछ,
कभी घटिया कलमकारी न करना ।

सभी से प्यार से बोलो हमेशा,
बुरे लफ़्ज़ों की बमबारी न करना ।

ज़रुरत और इच्छा जान लेना,
बिना जाने ख़रीदारी न करना ।

बयाँ करना सही सच्ची हक़ीक़त
छुपाने कुछ अदाकारी न करना ।

मिले 'अवधेश' गर दुश्मन वतन का,
कभी उस से वफ़ादारी न करना ।

✱✱✱

55

* बात मन में दबी *

बात मन में दबी ।
राज जिसमें कई ।

आप जब पास हैं,
है नहीं कुछ कमी ।

बीज उगने के लिए,
चाहिए कुछ नमी ।

आप आए यहाँ,
हो गई रोशनी ।

क्या हुआ कब हुआ,
पूछते तो कभी ।

हमसफ़र साथ है,
मिट गई मुफ़लिसी ।

चाँद 'अवधेश' तो,
आप उसकी चाँदनी ।

***

56

* अँधेरी स्याह रातों में *

अँधेरी स्याह रातों में, तड़ित जब कौंध जाती है ।
जिसे हम भूलना चाहें, उसी की याद आती है ।

गुजारी जो घड़ी मिलकर, धरोहर अब हमारी वो,
हमारी साँस को नियमित, घड़ी वो ही चलाती है ।

उसे मालूम है जो हैं, हमारी ख़ूबियाँ सारी,
लिखें जो गीत उस पर हम, उन्हें वो गुनगुनाती है ।

अगर हम पर पड़ी मुश्किल, तभी थोड़ी ज़रूरत ही,
दिखा कर सच ज़माने का, हक़ीक़त से मिलाती है ।

हँसी जिसकी बड़ी दौलत, बिके हर बाप जिस ख़ातिर,
विदा के वक़्त बाबुल को, वही बेटी रुलाती है ।

थमा आकाश आशा से, कभी उम्मीद मत छोड़ो,
सुनी थी बात बचपन में, बड़ी आशा जगाती है ।

किया 'अवधेश' ने रोशन, जला कर कुछ दिए घी के,
किसी की झोपड़ी देखो, महल सी जगमगाती है ।

***

57

* अक्श धुँधला अगर बना होगा *

अक्श धुँधला अगर बना होगा ।
आईना झूठ से मिला होगा ।

चल खरीदें सुकून कुछ चलकर,
आज बाज़ार फिर खुला होगा ।

जो मुखोटा लगा बना सुंदर,
उसके सर सेहरा सज़ा होगा ।

मत सुनाओ चुभन भरी बातें,
ज़ख्म दिल का अभी हरा होगा ।

तुम वहीं पर सबूत पाओगे,
हादसा जिस जगह हुआ होगा ।

हम चलेंगे सँभल -संभल कर ही,
कोहरा जब बहुत घना होगा ।

साथ 'अवधेश' का मिला जिसको,
वो अकेला नहीं रहा होगा ।

***

58

* ग़रीबों की भलाई *

ग़रीबों की भलाई का ज़रा कुछ काम हो जाए ।
मिले हर हाथ को रोज़ी खुशी बेदाम हो जाए ।

बहुत भागे बहुत दौड़े कमाने चार पैसे को,
थकावट को मिटाने अब ज़रा आराम हो जाए ।

मदद करते ज़रूरत पर किसी भी शख़्स की दिल से,
हमें तो काम से मतलब किसी का नाम हो जाए ।

हसीनों से जरा दूरी बना रखना समझदारी,
मिले खुलकर किसी से जो वही बदनाम हो जाए ।

जिसे चाहा जिसे पूजा जिसे मन में बसाया है,
उसी के सामने हर दिन सुबह से शाम हो जाए ।

बिकीं संपत्तियां सारी मिलीं थीं जो विरासत में,
कहीं अब रूह ही अपनी नहीं नीलाम हो जाए ।

बना कर रूप राधा का निकलती सामने से वो,
यही 'अवधेश' भी तो फिर सलौना श्याम हो जाए ।

***

59

* जला काश अंगार *

जला काश अंगार चूल्हों में होता ।
बड़ा स्वाद रूखे निवालों में होता ।

ख़ुदा की नज़र में न होते सही हम,
अगर नुक़्श उसकी निगाहों में होता ।

नज़र फेर कर जो चले दूर हमसे,
उसी से हमें प्यार ख़्वाबों में होता ।

मुहब्बत तुम्हारी न नाकाम होती,
अगर लोह का पुट इरादों में होता ।

न पिटते कभी यूँ निकलते ही घर से,
हुनर चालवाजी जो प्यादों में होता ।

उन्हें भी तो मिलतीं ज़रूरी दवाएँ,
अगर नाम उनका सितारों में होता ।

ये 'अवधेश' करते मदद हर किसी की,
तभी नाम उनका फ़रिश्तों में होता ।

***

60

* चलो देखते हैं *

हमें आजमाने उन्होंने भरा दम चलो देखते हैं ।
वो दमदार हमसे अधिक हैं या फिर कम चलो देखते हैं ।

डराने हमें वो झुकाने उन्हें हम लगे कोशिशों में,
झुकेंगे न वो या डरेंगे नहीं हम चलो देखते हैं ।

मिले तो खुशी की लहर दौड़ती है, मगर क्या करें अब,
किसी को किसी से जुदाई का है ग़म चलो देखते हैं ।

ये झंकार मन को लुभाती बुलाती हमें ओर अपनी,
बजे पैर पायल किसी की छमाछम चलो देखते हैं ।

ज़मीं जब तपी गर्म होकर लगी प्यास वन को सनम को,
उठे अब्र काले हुई है झमाझम चलो देखते हैं ।

बड़े जा रहे थे सफ़र में बड़ी मंज़िलों की तरफ़ जो,
कदम क्यों उन्हीं के ठिठक कर गए थम चलो देखते हैं ।

जो 'अवधेश' की बात सुनकर ख़ुशी और ग़म एक मानें,
ये आँखें उन्हीं की भला क्यों हुईं नम चलो देखते हैं ।

***

61

* अमन की क़ायमी *

अमन की क़ायमी ख़ातिर, कबूतर भी उड़ाए हैं ।
चमन में फूल ख़ुशियों की, महक वाले उगाए हैं ।

ग़मों का बोझ दिल पर रख, खिली मुस्कान लेकर हम,
उन्हें खुश देखने को ही, अदब से सर झुकाए हैं ।

दुखों का साथ किस्मत में, लिखा है जब ख़ुदा ने ख़ुद,
किसी से फिर शिकायत क्या, जमाने के सताए हैं ।

अँधेरी राह में चलना, बहुत मुश्किल हुआ जब भी,
दिखाने रोशनी उनको, दिये खूँ से जलाए हैं ।

तसव्वुर में उन्हें लेकर, समंदर के किनारे पर,
घरौंदे रेत के हमने, महल जैसे बनाए हैं ।

बने शागिर्द जो दिल से, हमें उस्ताद भी माना,
हुनर हर क़ामयाबी के, उन्हें हमने सिखाए हैं ।

दबा 'अवधेश' ने दिल में, मिले जो दर्द दुनिया से,
सभी के राज़ गहरे पर, जमाने से छुपाए हैं ।

***

62

* छोड़ कर सब चल दिये *

छोड़ कर सब चल दिये पर, यूँ लगा तुम साथ हो ।
जब लगा मुझको ज़रा डर, यूँ लगा तुम साथ हो ।

पाँव में काँटे चुभे या, राह में रोड़े मिले,
पर सफ़र आसान है हर, यूँ लगा तुम साथ हो ।

जब हुआ लाचार बिल्कुल, मिल गई मुझको मदद,
हो गए सब कष्ट बाहर,यूँ लगा तुम साथ हो ।

नैन तरसे वर्ष कितने, राम की पाने झलक,
धन्य दर्शन आज पाकर, यूँ लगा तुम साथ हो ।

जब कभी 'अवधेश' गिरता, थामने तब हाथ को,
ख़ुद चले आते गदाधर, यूँ लगा तुम साथ हो ।

***

63

* उड़ते हैं कैसे मत पूछ परिंदों से *

उड़ते हैं कैसे मत पूछ परिंदों से ।
ऊंचाई मिलती है ख़ुद के पंखों से ।

नामुमकिन लगता जिस मंज़िल को पाना,
पा लेंगे उसको मज़बूत इरादों से ।

खाली हाथों से मज़दूर करे अब क्या,
रोटी भी मिलती है आज नसीबों से ।

मुश्किल राहों पर चल कर थक जाते हैं,
मिलती है ताक़त हमराह फ़रिश्तों से ।

पूरे करना हैं जो शौक़ अधूरे हैं,
झाड़ेंगे हम भी अब धूल किताबों से ।

जीतेंगे कैसे बातों में उनसे हम,
घायल कर देते जो शोख़ निगाहों से ।

डर या लालच से वो कितना भी तोड़े,
फिर भी डिगना मत 'अवधेश' उसूलों से ।

***

64

✻ इक सड़क पक्की ✻

इक सड़क पक्की इधर से अब निकलनी चाहिए ।
गाँव की किस्मत ज़रा तो अब चमकनी चाहिए ।

दौड़ती सरपट नदी ये खेत प्यासे सूखते,
सींचने फ़सलें नदी ये अब ठहरनी चाहिए ।

अपशकुन होते रहे हैं काम कुछ बनते नहीं,
आँख मेरी दाहिनी भी अब फड़कनी चाहिए ।

मानते तुम क्यों नहीं हो कर रहे फिर गलतियाँ,
है बुरी आदत तुम्हारी ये सुधरनी चाहिए ।

बात आपस की अगर है क्यों नहीं सुलझा रहे,
बर्फ़ रिश्तों में जमी जो अब पिघलनी चाहिए ।

रात भर आवाज़ टप-टप भीगते बच्चे डरें,
अब नहीं मज़दूर की वो छत टपकनी चाहिए ।

भर गया 'अवधेश'का मन चल शहर से गाँव अब,
जो जगह तकलीफ़ देती वो बदलनी चाहिए ।

✻✻✻

65

* तीरगी थी कभी चाँदनी हो गई *

तीरगी थी कभी चाँदनी हो गई ।
चाँद से ख़ुशनुमा ज़िंदगी हो गई ।

चाह कर भी कभी वो नहीं मिल सके,
क्या हुआ किस बजह बेबसी हो गई ।

कुछ नहीं था असर जब लगाया मगज़,
बात दिल से कही शायरी हो गई ।

सामना हो गया आज उनसे मगर,
चोट दिल की वही फिर हरी हो गई ।

दोस्ती जब हुई, राज़ सब खुल गए,
बात की बात पर, दुश्मनी हो गई ।

ख़्याल उसके हमें इस क़दर आ रहे,
काम होता नहीं, बेख़ुदी हो गई ।

हाथ खाली लिए कर रहे थे सफ़र,
दिल नहीं बच सका, रहजनी हो गई ।

देख उसकी झलक, चैन आता नहीं,
अब उसी की हमें, तिश्नगी हो गई ।

मान उसको ख़ुदा, देख 'अवधेश' का,
सर जरा झुक गया, बंदगी हो गई ।

***

66

✻ मैं सही बस मैं सही हूँ ✻

मैं सही बस मैं सही हूँ, दूसरे सब हैं ग़लत ।
सोच जिसकी इस तरह की, वो बड़ी खाता चपत ।

स्वार्थ में सब भूलकर जो, धन के पीछे भागता,
हाथ कुछ आता नहीं है, आँख से आँसू झरत ।

मर्द का चोला पहनकर, आ गए नामर्द जो,
हरकतों को देख इनकी, थूकता इन पर जगत ।

धर्म की बातें करें ये, काम सब निकृष्ट हैं,
पाठ पूजा ढोंग इनका, झूठ की माला जपत ।

पापियों के पाप सारे, माफ़ कर 'अवधेश' अब,
जो ख़ुदा चाहे करे वो, बात बस इतनी फ़क़त ।

✻✻✻

67

* हम बुलाते मगर बुला न सके *

हम बुलाते मगर बुला न सके ।
हाल दिल का उन्हें बता न सके ।

है अँधेरा बहुत निराशा का,
आस का दीप हम जला न सके ।

रात तो करवटें बदल काटी,
ख़्वाब रंगीन हम सजा न सके ।

थी नशे की तलब उन्हें भारी,
जाम उनको मगर पिला न सके ।

बीज नफ़रत के वो दिए दिल में,
प्यार के गीत हम सुना न सके ।

बंद बातें हुईं बनी दूरी,
पर उन्हें हम कभी भुला न सके ।

मंज़िलें जो दिखा सकें हमको,
साथ उनको कभी चला न सके ।

वो रुलाते रहे हमें हरदम,
एक पल को कभी हँसा न सके ।

कोशिशों में कमी नहीं थी पर,
लोग 'अवधेश' को झुका न सके ।

***

68

* ज़ुबाँ ये खुले गर तो इंकार निकले *

ज़ुबाँ ये खुले गर तो इंकार निकले ।
नज़र ये उठे गर तो इक़रार निकले ।

दिया काम उनको, समझकर मेहनती,
करें कामचोरी, वो मक्कार निकले ।

रहे साथ मिलकर, इसी आशियाँ में,
पता जब लगा तो, वो ग़द्दार निकले ।

किसानी में घाटा, बहुत जब हुआ तो,
ज़मीं बेचने को ज़मींदार निकले ।

डुबाई थी किश्ती किसी ने हमारी,
मगर तैर कर हम नदी पार निकले ।

शिफ़ा के लिए जो दवा दे रहे थे,
दवासाज़ सारे वो बीमार निकले ।

समझते रहे थे, अनाड़ी जिसे सब,
वो 'अवधेश' ऊँचे क़लमकार निकले ।

***

69

* जिन घरों में नहीं, सख़्त पाबंदियाँ *

जिन घरों में नहीं, सख़्त पाबंदियाँ ।
उन घरों में रहें, शान से बेटियाँ ।

चोट खाते रहे, दर्द सह कर मगर,
माफ़ कर दीं सभी, आपकी गलतियाँ ।

बन सँवर कर चले, आप जाने किधर,
और देखो इधर, गिर रहीं बिजलियाँ ।

तेल बाती मिले, दुश्मनों से लड़े,
ये दिया तब जले, जब चलें आंधियाँ ।

कौन सुनता यहाँ, बात लाचार की,
वो लगाता रहा, जाने क्यों अर्ज़ियाँ ।

गर्म कपड़े नहीं,मुफ़लिसी क्या करे,
हाड़ को तोड़ने, आ गईं सर्दियाँ, ।

जीत कर भी कभी, वो नहीं जीतते,
हम मगर हार कर, जीत लें बाज़ियाँ ।

हम बसाते रहें, हर दफ़ा जो नई,
बाढ़ में डूबतीं, फिर वही बस्तियां ।

दर्द 'अवधेश' का, रो रहा किस क़दर,
सुन सको तो सुनो, ग़म भरी सिसकियाँ ।

***

70

* याद आकर हमें,जो रुलाते रहे *

याद आकर हमें,जो रुलाते रहे ।
वो हमें हर घड़ी, याद आते रहे ।

दिल मिले इसलिए, दर्द के बीच में,
ख़ास रिश्ते बने, हम निभाते रहे ।

काश मिलते कभी, वो किसी मोड़ पर,
जो जगी चाहतें, वो दबाते रहे ।

आग लगती अगर, थी बुझानी जिन्हें,
दिल हमारा वही, फिर जलाते रहे ।

इश्क़ बरसा उधर, रूह भीगी इधर,
ज़िस्म को धूप में, हम सुखाते रहे ।

ज़ख्म दिल के खुले, सिल रही जो ज़ुबाँ,
वो सुई सी चले, बस चुभाते रहे ।

कर्ज़ लेकर किये, फ़र्ज़ पूरे सभी,
ब्याज 'अवधेश' ही, बस चुकाते रहे ।

***

71

* मुस्कुराती है कभी वो *

मुस्कुराती है कभी वो, खिलखिलाती है,
जो दबे अरमान दिल में, क्यों जगाती है ।

खाट आँगन में बिछी है, सर्द दिन आए,
नीम के पत्तों से छन कर, धूप आती है ।

अलसुबह से काम में दिन, कब गुज़र जाता,
शाम यादों के पिटारे, साथ लाती है ।

नीम की टहनी पे आकर, बैठती कोयल,
शारदे माँ की कृपा से, गीत गाती है ।

झोंकते ताकत हमेशा, हम जिसे पाने,
क़ामयाबी पास आकर, लौट जाती है ।

पास होकर भी चुराना, यूँ नज़र हमसे,
आपकी ये बेरुखी अब, ज़ुल्म ढाती है ।

माँग कर माफ़ी अदब से, सिर झुकाते हैं,
ग़लतियाँ 'अवधेश' की जब, वो गिनाती है

***

72

* झुकता है आसमाँ भी *

झुकता है आसमाँ भी, इबादत से दोस्तो ।
बरक़त मिले ख़ुदा की, इनायत से दोस्तो ।

नफ़रत की आँधियाँ हैं, अंधेरे का राज है,
रोशन मग़ार जहां है,मुहब्बत से दोस्तो ।

ख़्वाबों की असलियत को, समझने लगे हैं अब,
हम रूबरू हुए हैं, हक़ीक़त से दोस्तो ।

सीखा नहीं कभी ये, मुकरना ज़ुबान से,
हम दूर ही भले हैं, सियासत से दोस्तो ।

कानून हाथ में जो, हमेशा रखे रहे,
इंसाफ़ माँगते हैं, अदालत से दोस्तो ।

ख़ुद्दार जब बनाया, है वालिद ने इसलिए,
हम ख़ुद अलग हुए हैं, वसीयत से दोस्तो ।

'अवधेश' ने तो अपने, तज़ुर्बों से सीख दी,
सीखो न तुम भी कुछ तो, नसीहत से दोस्तो

***

73

* मुझे मिलती नहीं कोई दवा है *

मुझे मिलती नहीं कोई दवा है ।
मेरा ये ज़ख्म तो अब तक हरा है ।

हिमालय भी क़दम चूमे तुम्हारे,
ख़ुदा से बस यही मेरी दुआ है ।

फ़कीरी क्या नहीं मालूम उनको,
अमीरी का जिन्हें होता नशा है ।

न जाने किस तरह से ये मिटेगा,
हमारे बीच में जो फ़ासला है ।

भला नफ़रत रहे कैसे यहाँ पर,
हमारा दिल मुहब्बत से भरा है ।

नज़र भी फेर लेता मुँह फुला कर,
पता क्या किस ख़ता पर वो ख़फ़ा है ।

तजुर्बों की सुलगती भट्टियों में,
बदन 'अवधेश' का मन भर तपा है ।

***

74

✻ इश्क़ में देखो ✻

इश्क़ में देखो समंदर भी नदी तक आ गए ।
रूप बादल का लिया दीवानगी तक आ गए ।

ढूंढ़ते फिरते रहें पर रस मिले जाने किधर,
गंध फैली बाग में भँवरे कली तक आ गए ।

बस ज़रा नज़रें मिलीं बातें हुईं दो चार ही,
बढ़ गए आगे क़दम हम आशिक़ी तक आ गए ।

ख़्याल उनका किस क़दर हावी हुआ हम पर इधर,
काम धंधा छोड़कर आवारगी तक आ गए ।

याद जब आने लगी छलका ज़रा सा जाम फिर,
होश पूरा खो दिया हम बेख़ुदी तक आ गए ।

जब गलतफ़हमी हुई दो दोस्तों के बीच में,
दोस्ती टूटी वहीं वो दुश्मनी तक आ गए ।

आ गए 'अवधेश' भी देखो भटकते अब कहाँ,
आपसे बिछड़े मगर फिर आप ही तक आ गए ।

✻✻✻

75

* जाम भर-भर जिन्हें पिलाए हैं *

जाम भर-भर जिन्हें पिलाए हैं ।
उनको ग़म से उबार लाए हैं ।

बाँट ख़ैरात दी ग़रीबों में,
पुण्य कितने मगर कमाए हैं ।

सोचते थे बता उन्हें दें सब,
सामने आ के हिचकिचाए हैं ।

काश थोड़ी वफ़ा मिली होती,
हमने धोखे हज़ार खाए हैं ।

काम कुछ आपको नहीं हमसे,
आप फिर किस वजह से आए हैं ।

चाँद का नूर बड़े इसी ख़ातिर,
अब सितारे भी झिलमिलाए हैं ।

चार सू मुस्कुराहटें बिखरें,
साज हमने वही बजाए हैं ।

ज़िंदगी का बना जो रखवाला,
ज़ुल्म उसने ही हम पे ढाए हैं ।

जो भी 'अवधेश' ने लिखे दिल से,
आपको गीत वो सुनाए हैं ।

***

76

* पिघलेगा कैसे दिल तेरा पत्थर है *

पिघलेगा कैसे दिल तेरा पत्थर है ।
रहता हूँ उसमें वो ही मेरा घर है ।

मनचाही मंजिल पाना उस पर रहना,
फूलों की चादर काँटों का बिस्तर है ।

कैसी ये दुनिया अब तेरे बंदों की,
नफ़रत ही नफ़रत का कैसा मंज़र है

डालीं अपनी बाँहें जिसकी बाँहों में,
उसके ही हाथों में देखो खंज़र है ।

रोकेंगे कैसे ख़ुद को गुम होने से,
नैनों से नैनों के मिलने का डर है ।

मन है भारी पर हँसना मजबूरी है ।
औरों को खुश करता तू भी जोकर है ।

जिसको सब ठुकरा देते 'अवधेश' यहाँ,
ऊपरवाला ही बस उसका दिलवर है ।

***

77

* कटता सफ़र मजे से *

कटता सफ़र मजे से अकेले अगर नहीं ।
जिसकी तलाश थी वो मिला हमसफ़र नहीं ।

चालाकियां ग़ज़ब की सिखाता था जो कभी,
छुप-छुप मिले उसी से किसी को ख़बर नहीं ।

हैं ख़ूबियाँ हज़ार उसी शख़्स में मगर,
उन पर पड़ी कभी भी तुम्हारी नज़र नहीं ।

दिल क़ैद में उन्हीं की तड़पता रहा मगर,
फ़रियाद का भी उन पे हुआ कुछ असर नहीं ।

इतना हुआ है नाम कि पहचानते सभी,
रहते जहां पे चैन से ऐसा शहर नहीं ।

हम छाँव की तलाश में भटके कहाँ-कहाँ,
कैसा शहर है जिसमें कहीं भी शज़र नहीं ।

'अवधेश' उस गली से ठिकाना बदल गए,
आई समझ ये बात यहाँ अब बसर नहीं ।

***

78

* अपने काबू में हालात करते रहे *

अपने काबू में हालात करते रहे ।
प्यार की हम तो बरसात करते रहे ।

जो तनिक भी नहीं जानता था हमें,
हम उसी शख़्स की बात करते रहे ।

जो परेशां करें बात ही बात पर,
हम उन्हीं से मुलाक़ात करते रहे ।

बोलने को हमें कुछ बचा ही नहीं,
वो अनोखे सवालात करते रहे ।

देख सुन कर हुआ हमको ताज़्जुब बहुत,
आप क्या क्या करामात करते रहे ।

वो जलाते रहे घर हमारा मगर,
हम नई फिर से शुरुआत करते रहे ।

नाम में क्या रखा सोच 'अवधेश' भी
काम ही काम दिन- रात करते रहे ।

***

79

* फूल तेरे गेसुओं का *

फूल तेरे गेसुओं का, इक निशानी है बहुत ।
रात तेरी याद लाए, वो सुहानी है बहुत ।

मान ले ये बात मेरी, छोड़ कर मत जा मुझे,
सोच ले मेरी तुझे फिर, याद आनी है बहुत ।

अब नहीं तेरी चलेगी, खुल गई सब असलियत,
आज तक अपना समझ कर, बात मानी है बहुत ।

बीज अच्छा है अगर तो, बो इसे फसलें उगा,
खेत में उपजाऊ मिट्टी, खाद पानी है बहुत ।

एक था राजा यहाँ पर, एक थी रानी वहाँ ।
आज भी सुनने सुनाने, ये कहानी है बहुत ।

ज़ख्म वो नासूर बनकर, दर्द से तड़पा रहा,
बँट गए भारत की कीमत तो चुकानी है बहुत ।

मत करो 'अवधेश' चिंता, जोश बस भरते रहो,
इस वतन पर जान देने, जब जवानी है बहुत ।

***

80

* दीवार हवा की है छत चाँद सितारे हैं *

दीवार हवा की है छत चाँद सितारे हैं ।
सोते हैं ज़मीं पर ग़म हमराह हमारे हैं ।

सूरज को छुपा आए तूफ़ान डराने को,
दम मस्त कलंदर ने दिन हँस के गुज़ारे हैं ।

जो चाह करो पूरी खुशियों की बहारों की,
धरती पे फ़रिश्ते भी कुछ रब ने उतारे हैं ।

जो जंग लड़ी जीवन की फ़र्ज़ किये पूरे,
दुश्मन को हराया पर अपनों से तो हारे हैं ।

बालों में सफ़ेदी है आँखों की चमक भी कम,
कुछ याद दिलाने को कुछ ख़ास इशारे हैं ।

कुछ देर ज़रा मोबाइल बंद करो तुम भी,
देखो तो ज़रा बाहर क्या ख़ूब नज़ारे हैं ।

दुनिया को भला हमसे क्या काम पड़ेगा अब,
'अवधेश' तो ख़ुद उसकी रहमत के सहारे हैं ।

***

81

* पेट की आग को खिलाएं क्या ? *

पेट की आग को खिलाएं क्या ?
पाप या पुण्य हम कमाएं क्या ?

गर कराहें सुकून देती हैं,
गीत फिर दर्द के सुनाएं क्या ?

है अँधेरी सुरंग जीवन तो,
दिल दिया ख़ून भर जलाएं क्या ?

आँख दीवार में लगी हर सू,
रूह या ज़िस्म हम छुपाएं क्या ?

हम कबूतर सफ़ेद रखते हैं,
हो अमन तो इन्हें उड़ाएं क्या ?

जान हम पर लुटा रहा है जो,
इश्क़ उससे नहीं निभाएं क्या ?

ख़ूब 'अवधेश' को मिलीं रब से,
ख़ूबियां वो सभी गिनाएं क्या ?

***

82

* चलो कश्मीर *

चलो कश्मीर में चलकर दिखाएं बल जवानी का ।
यहाँ है राज भारत का, नहीं आतंकवादी का ।

जगो हिंदुत्व के शेरो, मुकुट भारत बचाना है,
कुचल दें सर वहाँ चल कर, बड़ी फ़िरकापरस्ती का ।

सभी पण्डित बसें फिर से, घरों में रोशनी कर दें,
करें व्यापार हिन्दू भी, चुकाएं कर्ज़ वादी का ।

ज़मीनें भी खरीदें अब, रहें कश्मीर के बनकर,
वहाँ हो एकता क़ायम, जहां साया मुखर्जी का ।

तिरंगा शान से फहरे, भवन गुलजार सरकारी,
हटी अब तीन सौ सत्तर, चमकता भाग्य माटी का ।

बड़ेगा पर्यटन फिर से, शिकारे झील में होंगे,
चलो नक्शा बदलते हैं, उसी कश्मीर घाटी का ।

अगर तुम चाहते हो ये, रहे महफ़ूज़ आज़ादी,
सुरक्षित हों हदें अपनी, रहे सम्मान वादी का ।

उधर जो पाक ने क़ब्ज़ा, रखा कश्मीर का हिस्सा,
उसे लड़कर छुडालें अब, बढ़े फिर मान वर्दी का ।

यहाँ था राज कश्यप का, यहीं 'अवधेश' को बसना,
यहाँ है वास देवों का, यही है क्षेत्र देवी का ।

***

83

* किसी की सदा अब सुनाई न दे *

किसी की सदा अब सुनाई न दे ।
बुरा काम ख़ुद का दिखाई न दे ।

भला ही भला जो किये जा रहा,
उसी शख़्स को तू बुराई न दे ।

बिछड़ कर रहेगा नहीं वो सुखी,
उसे रोक ले तू विदाई न दे ।

नहीं रह सकेंगे अकेले कभी,
हमें हमसफ़र से जुदाई न दे ।

असल बात क्या है पता है हमें,
ग़लत काम करके सफ़ाई न दे ।

मिले जो उसी में चला काम तू,
कभी मुफ़लिसी की दुहाई न दे ।

जमा नेकियाँ हैं जो 'अवधेश' की,
किसी और को ये कमाई न दे ।

***

84

* चोट दिल पर लगी *

चोट दिल पर लगी,कुछ हरी भी मिले ।
आपकी आँख में, कुछ नमी भी मिले ।

ख़ूबसूरत महल,ताज की कब्र है,
देख शायद कहीं, कुछ कमी भी मिले ।

जो मिला जब मिला, वो ख़ुदा सा मिला,
काश हमको कभी, आदमी भी मिले ।

ज़िंदगी में हमें, हर क़दम पर यहाँ,
दुश्मनी तो मिली, दोस्ती भी मिले ।

बुझ गए सब दिए, चाँद निकला नहीं,
अब अँधेरे नहीं, रोशनी भी मिले ।

प्यास लगती अगर, पर्वतों से उतर,
देख शायद वहाँ, इक नदी भी मिले ।

होश 'अवधेश' का, तंग ही कर रहा,
अब तमन्ना यही, बेख़ुदी भी मिले ।

***

85

* रूह को रूह से जब मिलाने लगे *

रूह को रूह से जब मिलाने लगे ।
तन वदन के अहम हम मिटाने लगे ।

हम जिन्हें भूलने की करें कोशिशें,
हर घड़ी फिर हमें याद आने लगे ।

दूर जो थे गए रूठ कर ख़ामख़ा,
पास आकर वो फिर मुस्कुराने लगे ।

जा रहे जो उधर वो गिरेंगे कहीं,
क्यों उसी राह पर तुम भी जाने लगे ।

सिसकियां चीख कर दें दुहाई तुम्हें,
तुम हुकूमत अगर यूँ चलाने लगे ।

फ़ख्र औलाद पर तब हो माँ बाप को,
नेकियाँ भी अगर वो कमाने लगे ।

दिल से निकला हरिक शेर 'अवधेश' का,
फिर ग़ज़ल को सभी गुनगुनाने लगे ।

***

86

* समन्दर में दिखता जज़ीरा *

समन्दर में दिखता जज़ीरा[1] नहीं ।
मगर हार बैठे फ़कीरा[2] नहीं ।

ख़ुदाई ख़ुदा के लिए हम करें,
मिले जब तलक वो ज़खीरा[3] नहीं ।

बड़ी क़ातिलाना अनोखी अदा,
दिखाना गुनाहे सग़ीरा[4] नहीं ।

किसन के लिए हो मगन नाचती,
करे जग की परवाह मीरा नहीं ।

सभी दोस्ती दुश्मनी में फँसे,
कहीं अब मिलेगा कबीरा नहीं ।

मुसीबत बड़ी देख सकता मगर,
नमी आँख बहना की वीरा नहीं ।

ज़रा चोट खाते खरौंचें पड़ें,
चमकता नगीना वो हीरा नहीं ।

कहाँ आप रहते अगर देखते,
कभी आपने दिल ये चीरा नहीं ।

सुबह ख़ुशनुमा कर दे 'अवधेश' की,
मिली अब तलक वो समीरा[5] नहीं ।

1. जज़ीरा = द्वीप 2. फ़कीरा = विचारक 3. ज़खीरा= ढेर राशि गुनाहे 4.सग़ीरा = छोटे गुनाह 5. समीरा= सुबह बहने वाली खुश्बूदार हवा । खुशी देने वाली ।

***

87

* सितम वो ढा रहे *

सितम वो ढा रहे हम पर, सहीं दुश्वारियाँ हमने ।
उन्हीं के ख़ैर- मक़दम को, करीं तैयारियाँ हमने ।

बड़ी बातें बड़े वादे दिखाते ख़्वाब झूठे वो,
कभी देखी नहीं ऐसी कहीं मक्कारियाँ हमने ।

रहे कुर्सी सलामत बस, सियासत तो यही चाहे,
करें हर काम वो मन के, सहीं पर सख़्तियाँ हमने ।

हमें उस पार जाने को बिठाता ही नहीं माँझी,
भँवर में डूबने से पर बचाईं कश्तियाँ हमने ।

महल अपने बनाने को, ज़मीनों की ज़रूरत को,
उजाड़ी जो उन्होंने थीं, बनाईं वस्तियाँ हमने ।

शजर हम फूल फल वाले, इन्हें हम बाँटते रहते,
कोई भी तोड़ सकता है, झुकाईं डालियाँ हमने ।
वतन 'अवधेश' का भारत, रहें हिल मिल वतन वाले,
वतन के वास्ते दी हैं, कई कुर्बानियाँ हमने ।

***

88

* उसे पहचान लेते हैं *

अनोखी चाल से उसकी उसे पहचान लेते हैं ।
छुपाए वो भला कुछ भी, मगर हम जान लेते हैं ।

तजुर्बा है बड़ी दौलत, बुज़ुर्गों की तिजोरी में,
बड़ों की बात कड़वी हो, मगर हम मान लेते हैं ।

विदेशी कम्पनी छोड़ी, बड़े शोरूम भी छोड़े,
गली की ही दुकानों से, सभी सामान लेते हैं ।

नहीं हम भी उठा पाए, कभी कुछ लुत्फ़ दुनिया में,
निभाने फ़र्ज़ बस अपने, दबा अरमान लेते हैं ।

सफ़र करते ये बंजारे, बुझाने पेट के शोले,
जहां पर रात हो तंबू, वहीं पर तान लेते हैं ।

मिलेगा गोल्ड गलियों में, इसी उम्मीद में अक्सर,
शहर की धूल चलनी में, चलाकर छान लेते हैं ।

बहुत हो राह भी मुश्किल, बड़ी ही दूर हो मंज़िल,
कदम 'अवधेश' के चूमे, अगर वो ठान लेते हैं ।

***

89

* आँखों का समंदर *

जिसने कभी आँखों का समंदर नहीं देखा ।
उसने कभी तूफ़ाँ में बबंडर नहीं देखा ।

दुनिया पे हुकूमत तो कई लोग करे हैं,
जो जीत ले दिल को वो सिकन्दर नहीं देखा ।

हस्ती जो हमारी है, मिटेगी नहीं ऐसे,
बस वक़्त ये देखा है, मुक़द्दर नहीं देखा ।

फ़ाइल बिना रिश्वत के, खिसकती हो जहां पर,
हमने तो कहीं पर भी, वो दफ़्तर नहीं देखा।

दो जून की रोटी ही, कमाने के लिए हम,
भटका किये बाहर ही, कभी घर नहीं देखा ।

ताले लगे दुनिया में, सभी बंद घरों में,
इक रोग का ऐसा तो, कभी डर नहीं देखा ।

आवाम की ताकत को, ये 'अवधेश' न जानें,
वोटों की जो दौलत है, उसे गर नहीं देखा ।

***

90

* दिल में शोले *

दिल में शोले कहीं सुलगते हैं।
मोम के दिल कहीं पिघलते हैं।

लूटते झूठ के सहारे जो,
दिल के अरमान वो कुचलते हैं।

चार लोगों की जो करें परवाह,
मिल के भी वो यहाँ बिछड़ते हैं।

ख़ूबसूरत दिखें लगें ताज़ा,
फूल नकली कहाँ महकते हैं ।

हमक़दम साथ जो नहीं चलते,
मेंढकों की तरह उछलते हैं ।

बेवफ़ा हो गए सनम वो अब,
सामने से नहीं गुजरते हैं।

है इबादत नशा तभी इसको,
पी के "अवधेश' भी बहकते हैं।

***

91

* मिले चैन तुमको *

मिले चैन तुमको हमें गर भुला के।
चले याद की हम, शमाँ को बुझा के ।

रखो मत ग़मों को, दबा कर कभी यूँ,
कहो आँख की इस नमी को सुखा के ।

वफ़ा ही दिखेगी अगर देख लो तुम,
ख़याली बहम की दिवारें गिरा के ।

सही ख़ुद को साबित उन्होंने किया है,
सभी गलतियाँ फिर हमारी गिना के ।

रहे नाम उसका हमेशा जहाँ में,
बने जब ख़ुदा वो ख़ुदी को मिटा के ।

लकीरें बना कर, हमारे दिलों में,
मिले तख़्त उनको हमें यूँ लड़ा के ।

ये 'अवधेश' सबको बनाते मुक़म्मल,
हुनरबाज़ क़ाबिल सिखा के पढ़ा के ।

***

92

* ए वीर तुम्हे नमन *

ए वीर तुम्हे नमन हम शत-शत बार करते हैं ।
अमर शहीद तुम्हारी जय जय कार करते हैं ।

पिता की जिन आंखों में तुम चमका करते थे,
उन नम आंखों में देश भक्ति का संचार करते हैं ।

मां का दूध जो बहता था तुम्हारी शिराओं में,
उस दूध का कर्ज इस देश पर उधार करते हैं ।

बहन बांधा करती थी राखी जिस कलाई पर,
उस राखी के बंधन को हम नमस्कार करते हैं ।

लाडली बिटिया जो जल्दी आने को कहती थी
उस बिटिया की इच्छाओं का इज़हार करते है ।

कुछ कर दिखाने का जज़्बा जिस बेटे में था,
उसके सपने सच होने का इंतजार करते हैं ।

सब कुछ लुटा दिया इस देश की खातिर जिसने,
ऐसी देवी के कारण भारत का श्रृंगार करते हैं ।

वीरों के घर, गली, शहर, स्थान को भी नमन,
उनके हर परिजन को नमन बारंबार करते हैं ।

***

93

* बड़ी बुरी आदतें *

बड़ी बुरी आदतें तुम्हारी, कभी तो इनमें सुधार होगा ।
अगर हुआ तो विजय मिलेगी, गले में फूलों का हार होगा ।

ज़िगर में रख आग को जलाकर, पता नहीं कब पड़े ज़रूरत,
जो पाप की नींव पर खड़ा है, पलों में वो छार- छार होगा ।

निकाल नफ़रत दिलों से सबके, सनातनी धर्म सीख फैला,
बुझा मुहब्बत में तीर तेरा, दिलों के वो आर-पार होगा ।

ख़ुदा के बंदों ख़ुदा को मानो, ख़ुदा की नज़रों में एक हैं सब ।
जो गॉड अल्लाह वही है ईश्वर, जो एक मानो तो प्यार होगा ।

जहान जिस नाद से बना है, जरा सुनो गूँज चार सू वो,
लगेगा 'अवधेश' ध्यान अच्छा, अगर जपा ओमकार होगा
।

***

* टूटे रिश्तों को निभाना *

टूटे रिश्तों को निभाना रह गया ।
मोह माया को छुटाना रह गया ।

दौर बातों का चला फिर मिलने पर,
दिल के अरमाँ फिर बताना रह गया ।

गीत ग़ज़लों से सजा दीं महफ़िलें,
हाले दिल अपना सुनाना रह गया ।

दी तसल्ली ख़ूब बाँटा दर्द भी,
ज़ख्म पर मरहम लगाना रह गया ।

हम निकल आए बहुत आगे यहाँ,
पर बहुत पीछे जमाना रह गया ।

साफ कीचड़ को किया लाए कमल,
दाग धब्बों को हटाना रह गया ।

सीख लो 'अवधेश' से जीने का फ़न,
हो गए माहिर सिखाना रह गया ।

***

95

* दिल बता तो *

दिल बता तो मुझे हुआ क्या है ।
ज़ीस्त इस रोग की दवा क्या है ।

कामयाबी मुझे मिली जो अब,
ये धुँआ है वहाँ, जला क्या है ।

बेख़ुदी में हुआ कबूल हमें,
इश्क़ के ज़ुर्म की सज़ा क्या है ।

अक्स सच झूठ का उभरता नहीं,
आईना रोशनी बिना क्या है ।

काम बिगड़े बने तुम्ही जानो,
हाथ मेरा कभी लगा क्या है ।

रुक्मणि संग ज़िंदगी बीती,
राधिका कृष्ण की कथा क्या है ।

नींद 'अवधेश' की खुली कैसे,
रात का वक़्त है बजा क्या है ।

***

96

* मुहब्बत की निशानी *

मुहब्बत की निशानी को, महल मुमताज कहते हैं ।
दिवाने शाह पागल की, कहानी आज कहते हैं ।

बहुत ही ख़ूबसूरत थी, जहाँ के शाह की मलिका,
उसी के मकबरे में भी, दबे हैं राज़ कहते हैं ।

अजूबे आठ दुनिया के, उन्हीं में एक है ये भी,
पुरानी इश्क़ की बातें, नए अंदाज़ कहते हैं ।

नज़र पड़ते ही भा जाए, अगर चेहरा किसी का तो,
मुहब्बत मोड़ जो भी ले, मगर आगाज़ कहते हैं ।

नज़र पैनी रखे हरदम, उड़ानें भी भरे ऊँची,
शिकारी साँप को खाता, उसे हम बाज़ कहते हैं ।

हमारी बात का भी तो, असर होना ज़रूरी है,
मिलें जब भी किसी से तो,सही अल्फ़ाज़ कहते हैं ।

निकलते शेर जो दिल से, बहर में आ ही जाते हैं,
सुनो 'अवधेश' की ग़ज़लें, सुरों में साज कहते हैं ।

***

97

* किसी की याद *

किसी की याद ताज़ा क्यूँ करें हम ।
सुनहरे ख़्वाब जाया क्यूँ करें हम ।

उन्हें आना नहीं मिलने कभी तो,
ये घर अपना सजाया क्यूँ करें हम ।

मिला ग़म बेवफ़ाई का किसी से,
उसे दिल पर उठाया क्यूँ करें हम ।

समझना ही नहीं उनको कभी तो,
सम्हलने का इशारा क्यूँ करें हम ।

मिले धोखे बहुत जिससे हमेशा,
उसी पर फिर भरोसा क्यूँ करें हम ।

ख़ुदा माना जिसे आगे उसी के,
कभी कोई बहाना क्यूँ करें हम ।

चुभे 'अवधेश' उनको रोशनी तो,
चिराग़ों को जलाया क्यूँ करें हम ।

***

98

* घड़ी ये मुश्किलों से रूबरू *

घड़ी ये मुश्किलों से रूबरू करा रही है देख लो ।
यही तो आस जीने की जगा रही है देख लो ।

कभी ख़ुशी मिले तो हो कभी ग़मों से सामना,
सबक हमें ये ज़िंदगी सिखा रही है देख लो ।

खिजाँ का दौर ख़त्म है नई कपोल फूटतीं,
चमन चमन नई बहार आ रही है देख लो ।

पिता की लाडली परी जरा सी ख़्वाहिशें लिए,
खिली कली सी खिलखिला रही है देख लो ।

झुलसने से बचे रहो तपिश से दूरियाँ भली,
जवानी आग सीने में जला रही है देख लो ।

किसी की झोलियाँ भरे किसी का दर्द जो हरे,
वही तो नेकियाँ बड़ी कमा रही है देख लो ।

चलो उठो चलें वहाँ मिले ख़ुशी खिली- खिली,
' अवध ' को चाहतों से वो मिला रही है देख लो ।

***

99

* चाल के साथ चलन *

चाल के साथ चलन हमने नया देख लिया ।
देखना चाहा था क्या और ये क्या देख लिया ।

जिस्म के भूखे दीवानों के लिए हमने यहाँ,
हर तरफ़ हुस्न का बाज़ार सजा देख लिया ।

नफ़रतें बाँटते फिरते वो सियासत के लिए,
आम लोगों का यहाँ ख़ून बहा देख लिया ।

मज़हबी झगड़े हुए आपसी रंजिश में यहाँ,
बात का कैसे बतंगड़ ये बना देख लिया ।

क्या समझते थे उन्हें हम वो मगर क्या निकले,
पाप का पूरा भरा उनका घड़ा देख लिया ।

मंज़िलें दूर ही रहतीं, वो नहीं मिलतीं हैं,
राह के रोड़े सभी हमने हटा देख लिया ।

चाह 'अवधेश' की कुछ ख़ास नहीं देखने की,
आँख खोली तो नज़ारा जो दिखा देख लिया ।

***

परिचय

नाम : इंजी.अवधेश कुमार सक्सेना

माता का नाम : स्व.श्रीमती प्रेमदेवी सक्सेना पिता का नाम : स्व. श्री मुरारी लाल सक्सेना
पत्नी का नाम : श्रीमती अर्चना सक्सेना, वरिष्ठ व्याख्याता शा.उ.मा.वि. शिवपुरी
जन्म तिथि : 29 जून 1959 जन्म स्थान : शिवपुरी, मध्य प्रदेश
शिक्षा:डी.सी.ई(ऑनर्स),बी.ई.(सिविल), एम.ए.(समाजशास्त्र),एलएल.बी.,पी.जी.डी.आर.डी.
रुचि : संगीत,साहित्य, योग, आयुर्वेद, प्राकृतिक स्वास्थ्य,
अनुभव : जल संसाधन विभाग मैं 42 वर्ष इंजीनियरिंग सेवा। विभिन्न शासकीय एवं अशासकीय आयोजनों के मंच संचालन का अनुभव, आकाशवाणी एवं शासकीय, अशासकीय संस्थाओं द्वारा आयोजित कवि सम्मेलनों एवं मुशायरों में काव्य पाठ का अवसर मिलता रहता है ।13-14 वर्ष की उम्र से कविता लेखन, चंपक, लोटपोट, बीर अर्जुन आदि पत्र पत्रिकाओं में प्रकाशित । आलेख और कविताएं समय-समय पर आचरण, स्वदेश, दैनिक जागरण, अमर उजाला आदि समाचार पत्र पत्रिकाओं में प्रकाशित हुए ।

प्रकाशित कृतियां :

किंडल पर ई बुक्स 1 मैं ही तो हूं ईश 2 एक दीपक जलाएं 3 जगमगाता देश 4 पानी रोकने के आसान तरीके 5 जल सहेजें 6 जल ग्रहण क्षेत्र मार्गदर्शिका 7 हरियाली के अंग 8 चित्रांजलि 9 अभियंता विश्व 10 चित्रांश चेतना 11 इंजिनियरिंग प्रोजेक्ट मैनेजमेंट 12 निरोगी रहने के उपाय 13 अकेले सफ़र में (अवधेश की ग़ज़लें-ग़ज़ल संग्रह) 14 मिल गई मंज़िल मुझे (अवधेश की ग़ज़लें-ग़ज़ल संग्रह) मध्य प्रदेश उर्दू अकादमी द्वारा उर्दू में प्रकाशित ।

प्रकाशनाधीन कृतियां :

1 महायोगी -उपन्यास 2 गीता से जीवन प्रबंधन (श्रीमद्भगवतगीता के श्लोकों की व्याख्या के साथ जीवन प्रबंधन के संदेश) 3 प्यार की यही कहानी -कविता संग्रह 4 अवधेश के दोहे 5 अवधेश के मुक्तक 6 अवधेश की कुंडलियां 7 अवधेश के हाइकु 8 अवधेश के संस्मरण 9 मैं नशे में हूं (गजल संग्रह 10 प्रियामृतावधेश (स्वयं सृजित विधा पर लघु कविताएं) 11 शिव संदेश 12 प्रेम सरोवर
लेखन विधा : गद्य एवं पद्य की 31 विधाओं में लेखन

प्राप्त सम्मान/पुरस्कार :

1. दतिया फिल्म महोत्सव में सर्वश्रेष्ठ गीतकार का पुरस्कार मध्य प्रदेश के तत्कालीन गृह मंत्री माननीय डॉ. नरोत्तम मिश्रा जी के हाथों से प्राप्त 2021 2. बी.सी.आर.सिने अवार्ड नई दिल्ली में मल्टी टैलेंटेड पर्सनैलिटी अवार्ड 2020 प्राप्त 3. मध्यप्रदेश शासन द्वारा मध्यप्रदेश स्थापना सप्ताह समारोह में जल संरक्षण,पर्यावरण एवं साहित्य के क्षेत्र में उत्कृष्ट कार्य हेतु सम्मान 2022 प्राप्त 4. साहित्य, राष्ट्र एवं समाज सेवा के क्षेत्र में कार्य करने पर विभिन्न शासकीय एवं अशासकीय संस्थाओं से 100 से अधिक सम्मान पत्र प्राप्त 5. शब्द प्रतिभा सम्मान फाउंडेशन नेपाल द्वारा आयोजित समारोह में अंतरराष्ट्रीय विश्व प्रतिभा सम्मान 2023 प्राप्त । 6 ब्रज संस्कृति केंद्र मथुरा द्वारा इंटरनेशनल लाइफ टाइम अचीवमेंट अवॉर्ड 2023. 7 काव्य हिंदुस्तान अंतरराष्ट्रीय समूह द्वारा 21 जनवरी '24 से 22 जनवरी '24 तक श्री राम लला की प्राण प्रतिष्ठा के अवसर पर चले अखंड काव्य पाठ में श्री राम मंदिर पर लिखी अपनी रचना की प्रस्तुति पर श्री राम लला प्राण प्रतिष्ठा सम्मान प्राप्त ।
पद तथा दायित्व : मध्य प्रदेश शासन द्वारा रजिस्टर्ड श्रीमती प्रेमदेवी शिक्षा प्रसार समिति द्वारा संचालित भारतीय साहित्य एवं संस्कृति संस्थान के अध्यक्ष का दायित्व
संस्थापक-प्रेमधाम, शिवपुरी मध्य प्रदेश
जीवन का ध्येय-
जीवन का हर पल जियो, लेकर प्रभु का नाम ।
निज हित त्यागो बस करो, पर हित के ही काम ।।
वर्तमान पता : 65, इंदिरा नगर, शिवपुरी, मध्य प्रदेश
संपर्क नम्बर : 7999841475 ईमेल:awadheshsaxena29@gmail.com

www.ingramcontent.com/pod-product-compliance
Lightning Source LLC
LaVergne TN
LVHW020116081026
849580LV00013B/1919